KB078419

어떻게 일본 과학은
노벨상을 탔는가

차례
Contents

노벨상이라는 창문을 통해
일본의 과학 전통 들여다보기

2008년 10월 7일 저녁에서 8일 아침에 걸쳐, 일본의 신문과 방송은 두 가지 화려한 뉴스로 뒤덮였다. 그 하나는, 홈런왕으로 유명한 야구 영웅 오 사다하루(왕정치)가 감독직을 물러난다는 소식을 전하는 동시에, 선수로서 그리고 감독으로서 보낸 그의 야구 인생을 조명한 것이었다. 다른 하나는, 일본의 물리학자들이 2008년도 노벨 물리학상 부문을 독점했다는 뉴스였다. 정확히 따지면 세 명의 수상자 중 한 명은 미국 시민권을 취득한 일본계 미국인이었지만, 일본에서 태어나 일본에서 교육을 받은 과학자들로 그해의 노벨 물리학상을 가득 채운 것은 틀림없는 사실이었다. 일본의 대중 매체는, 한 명의 야구 영웅의 시대가 저물어 가는 것을 아쉬워하는 동시에 세 명의 과학 영웅이 등장한 것을 열광적으로 반겼다. 게다가 이러한 열광이 식기도 전에, 이번에는 노벨 화학상 부문에도 일본 과학자가 수상자로 이름을 올렸다. 일본의 신문과 방송은 과학 영웅의 리스트에 한 명을 더 추가했다.

한편 바다 건너 한국의 대중 매체는 같은 소식을 전하면서 입맛을 다셨다. 노벨상의 과학 분야에서 열 명 이상의 수상자를 배출한 일본의 저력을 부러워하기도 했고, 노벨상을 수상한 과학자가 아직 존재하지 않는 우리의 상황을 아쉬워하기도 했다. 이러한 논조 속에는, 마치 '야구에서 한국이 일본을 따라잡은 것처럼 과학에서도 하루빨리 일본을 따라잡아야 한다.'는 갈망이 묻어 나왔다.

그러나 2008년도까지 열 명을 조금 넘긴 일본 출신 과학 분야 노벨상 수상자는, 오히려 일본의 연구 전통이나 규모를 생각해 볼 때 많은 숫자가 아닐지도 모른다. 일본인 과학자가 처음으로 노벨상을 수상한 것은 1949년의 일이지만, 이미 1901년, 즉 노벨상이 시상되던 첫해부터 노벨상 후보로 추천된 일본인 과학자는 존재했다. 그리고 노벨상 위원회는 1907년도분 후보자에 대해 일본 과학자에게 추천 의뢰를 발송하기도 했다. 노벨상이라는 새로운 잣대가 탄생하던 시절부터 이미 일본 과학자들은 국제적인 무대에서 활약했던 것이다.

이 책은, 노벨상이라는 창문을 통해 일본에서 과학 연구 전통이 형성되어 온 역사를 들여다보는 것을 목적으로 한다. 로마가 하루아침에 이루어진 것이 아니라고 하듯이, 일본의 과학 연구 전통도 하루아침에 이루어진 것이 아니다. 이러한 측면에서, 근시안적으로 현재만을 바라보면서 왜 일본은 한꺼번에 여러 명의 과학자들이 노벨상을 수상하는데 우리는 그러지 못하는가를 투덜거릴 것이 아니라, 일본에서는 어떠한 과정을 통해 과학자 집단이 성장해 왔고 연구 전통이 만들어져 왔는지를 살펴보는 편이 훨씬 더 유익할 것이다.

한편, 여기서 군이 '창문'이라는 표현을 쓴 것은, 그것보다 중요한 것이 그 창문 너머에 있으리라는 것을 암시한다. 노벨상만으로 연구 전통 전체를 충분히 이해할 수 있는 것은 아니기 때문이다. 노벨상을 수상한 과학자들은 과학 연구에 종사하는 사람들 중 극히 일부에 불과하며, 따라서 산봉우리만을 가지고 산맥을 이해할 수 없듯이 노벨상만을 가지고 과학 연구의 폭과 깊이를 음미할 수는 없는 법이다. 이 책의 2장에서 노벨상을 받지 못한 과학자들의 연구와 인생을 소개하는 것은 이러한 까닭에서이다. 즉, 높이 솟은 산봉우리만 주목하는 것이 아니라, 이에 비해 눈에 덜 띄는 산중턱과 골짜기에도 눈길을 돌림으로써 산맥을 보다 입체적으로 이해할 수 있는 지형도를 그려 보고자 한다.

물론 이러한 지형은 오랜 기간에 걸쳐 형성되는 것이다. 현재 우리가 '과학'이라고 인식하고 있는 것의 대부분은 주로 서유럽에서 수 세기에 걸쳐 만들어졌으며, 이후 이것이 전 세계로 퍼져 나가면서 일종의 표준이 되었다. 일본은 외부로부터 주어진 이 표준을 비교적 빨리 자신들의 표준으로 받아들였고, 이러한 과정이 유럽 문명권에 속하지 않는 지역으로서는 가장 빨리 '선진국'이라는 이름을 손에 넣을 수 있었던 배경에 자리 잡고 있다고도 할 수 있다.

그러나 이 과정은 수백 년이나 뒤처져 있던 일본이 수십 년 만에 서구를 따라잡았다고 하는 '기적'이나 '신화'는 아니다. 일본 근대화의 상징으로 여겨지는 메이지(明治) 유신이 이루어진 것은 1868년이었다. 그런데 코페르니쿠스가 태양 중심의 우주를 제시한 『천구의 운동에 대해서』가 출판된 것이 1543년, 뉴턴이 천체의 운동을 비롯한 역학의 법칙을 제시한 『자연철학의 수학적 원리』가 출판된 것은 1687년이라는 점을 감안한다면, 일본이 과학 분야에서 서구에 비해 200~300년 정도 뒤처져 있었던 것처럼 보인다. 그러나 과학사학자 히로시게 데쓰(廣重徹)는 "일본이 제도화된 과학을 받아들인 것은 기껏해야 수십 년 늦었을 뿐"이라고 지적한 바 있다. 서구에서도 과학이 현재와 같은 모습을 형성하는 것은 19세기, 즉 일본이 과학 활동에 본격적으로 참가하는 시기로부터 그다지 멀리 떨어져 있지 않다는 것이다.

19세기는 대학이 과학 연구를 행하는 공간이 되고, 과학자가 연구를 하는 직업인이 되고, 이로부터 나온 연구 성과가 본격적으로 기술 및 산업, 더 나아가 국가의 경제력 및 군사력으로 이어지는 시기였다. 심지어 영어의 '과학자(scientist)'라는 단어가 생겨나는 것도 19세기의 일이다. 즉, 코페르니쿠스나 뉴턴의 연구 업적은 지금도 과학 교과서에 뚜렷한 흔적을 남기고 있지만, 그들이 살았던 당시의 과학은 19세기 이후의 과학과는 무척이나 이질적인 것이었던 셈이다.

이렇듯 서구 과학이 새로운 모습으로 자리 잡아 가던 19세기에, 일본은 서구로부터 지식의 완성품뿐만 아니라 그러한 지식을 만드는 생산방법까지 도입하고자 했다. 즉, 과학을 '공부'하는 데 그치지 않고 '연구'에도 참가하고자 했던 것이다. 공부란 이미 주어진 답을 이해하거나 정답에 빨리 도달하는 방법을 배우는 것이지만, 연구란 아직 정답이 주어져 있지 않은 문제에 도전하는 것이다. 아니, 심지어는 무엇이 문제인지까지를 스스로 찾아내야 하는 경우도 있다. 그리고 아직 답을 모르는 탓에 그 답을 얻는 과정에는 수많은 실패의 가능성이 도사리고 있다. 게다가 일단 답이 나왔다고 하더라도, 아직 모범답안이 존재하지 않는 상황에서는 그 답이 타당한 것인지를 신중하게 확인하는 절차를 밟아야 한다. '연구'라고 하면 화려하게 들릴지 모르지만, 적지 않은 경우 이는 정신적으로도 육체적으로도 고된 노동인 것이다.

이렇듯 과학 연구가 지식을 생산하는 작업이라고 이해한다면, 과학 활동이 수행되고 있는 장소의 중요성에 대해서도 생각해 볼 필요가 있다. 물론 흔히 보편적 과학 법칙이란 장소와는 무관하게 어디서나 성립하는 것이다. 런던에서 성립하는 물리 법칙이 서울에서 성립하지 않는 것도 아니고, 파리와 대전의 이산화탄소가 서로 다른 것도 아니다. 그러나 이러한 지식을 만들어 내는 과정에 초점을 맞춰 생각한다면, 연구가 어디서 이루어지고 있는가에 대해서 살펴보는 것도 의미 있는 일이다.

그 이유 중 하나로는, 지식을 생산하는 기술은 어깨 너머로 배울 수는 있는 것이나 좀처럼 제 발로 바다를 건너기는 힘들다는 점을 들 수 있다. 책이나 논문만으로는 배우기 힘든 중요한 연구의 노하우가 스승에게서 제자로, 선배에게서 후배로, 그리고 동료 사이로, 제한된 범위에서만 전수될 가능성은 충분히 있는 것이다. 또한 연구를 하는 데 필요한 실험 장치나 연구비의 역할도 무시할 수 없다. 이 책에서도 살펴볼 바와 같이, 과학자들이 보다 좋은 연구 환경을 찾아 여러 나라로 자리를 옮겨 다니는 것은 이러한 사정과 관련이 없지 않으리라.

또 하나의 이유는 만들어진 제품에 대한 평가 기준과 관련되어 있다. 아직 잘 알려지지 않은 연구자나 연구 기관은 오랜 기간에 걸쳐 업적을 쌓아 온 저명한 과학자나 유명한 대학에 비해 상대적으로 덜 주목받을 수 있다. 노벨상과 관련해서 이야기하자면, 중요한 연구 거점에는 보다 높은 빈도로 노벨상 후보 추천 의뢰가 도착하며, 추천을 의뢰받은 과학자는 일반적으로 자국 혹은 같은 연구 기관의 동료를 추천하는 경향이 있다고 한다. 즉, 주변에 노벨상 수상자가 있는 쪽이 노벨상을 받는데 유리하다는 것이다. 이러한 측면에서 생각해 보아도 연구가 '어디서' 이루어지는가는 무시하기 힘든 요소라고 할 수 있다.

이러한 지리적 위치 관계는 '선진국'과 '개발도상국' 사이의 국제적인 역학 관계와 비슷한 것으로 보인다. 또한 같은 나라 안에도 상대적으로 유리한 지역과 그렇지 않은 지역은 존재할

나고야 대학

수 있다. 일본의 경우, 오랜 기간 동안 도쿄와 교토가 과학 연구의 중심이었다는 것은 잘 알려진 사실이다. 그러나 2008년도 노벨 물리학상 수상자 중 두 명이 나고야 대학 출신이고, 같은 해에 화학상을 수상한 시모무라 오사무의 경우 나고야 대학에서 연구를 하여 박사학위를 받았으며, 2001년도 노벨 화학상 수상자인 노요리 료지가 나고야 대학 교수였다는 점을 감안한다면, 나고야 대학이 상당한 연구 역량을 지니고 있다는 사실을 이해하는 것은 그다지 어렵지 않을 것이다.

더 나아가 도쿄와 교토, 그리고 나고야 지역 이외에도, 일본에는 삿포로, 센다이, 쓰쿠바, 오사카, 히로시마, 후쿠오카 등 전국에 걸쳐 연구 거점이 형성되어 왔고, 이러한 각 거점을 중심으로 유능한 연구자들이 성과를 축적해 왔다. 거의 모든 것이 수도권에 집중해 있는 우리의 편견을 바탕으로 일본 각지의 오랜 전통을 지닌 명문 대학들을 '지방대학'이라고 폄하해서는 결코 일본의 연구 저력을 이해할 수 없는 것이다.

이러한 점을 감안하여, 이 책에서는 노벨상이라는 창문을 통해 일본의 연구 전통이 형성되어 온 역사 과정을 살펴보되, 주로 과학자들 및 그들의 연구가 지리적으로 그리고 사회적으로 어떻게 배치되어 왔는가를 시야에 넣고서 이야기를 풀어 가고자 한다. 그러한 까닭에 이 책은 노벨상 수상자들의 열전이 아니며, 각 과학자들은 반드시 태어난 해나 노벨상을 수상한 연도순으로 등장하지도 않는다. 또한 이 책은 일본 사회의 맥락에서 과학 연구가 어떤 의미를 지녀 왔는가를 살펴보는 데 주안점을 두는 까닭에 노벨상의 과학 분야 각 부문인 물리학상, 화학상, 생리의학상이라는 틀에 따라 이야기가 전개되지도 않으며, 반대로 노벨상을 수상하지 않은 과학자들도 다수 등장한다. 한편, 2008년도에 노벨 물리학상을 수상한 난부 요이치로는 일본계 미국인이나 이 책에 등장하는 여러 과학자들과 밀접한 관련이 있는, 일본 현대 과학의 성장에 중요한 역할을 한 인물이라고 판단하여 그를 포함시켰다.

이러한 이야기 전개 방식에 다소 혼란을 느낄 독자도 있을지 모르겠으나, 이 책의 목적이 노벨상 수상자들을 영웅시하거나 그들의 업적을 신화화하는 데 있는 것이 아니라 그들이 어떠한 삶과 어떠한 고민을 통해서 노벨상에 도달하는 업적을 남길 수 있었는가를 살펴보는 데 있다는 점을 감안하여 이해해 주기 바란다.

영웅적인 인물의 성공 신화는 감동을 줄 수는 있으나 교훈을 주기는 힘들다. 전설이나 신화에는 평범한 우리들이 따라하거나 흉내 낼 수 있는 것이 별로 없기 때문이다. 뛰어난 인물들의 업적을 통해 우리가 보다 많은 것을 얻기 위해서는, 그들을 보다 가까이 접하면서 그들의 땀과 눈물의 냄새를 맡아 보는 것이 보다 유리할 것이다. 반드시 이러한 이유에서는 아니지만, 이 책의 등장인물에 대해서 원칙적으로 경칭은 생략한다.

물속에 잠긴 빙산:
노벨상에 추천된 일본 과학자들

　　빙산의 대부분은 물속에 잠겨 있고, 그중 일부만이 물 위로
얼굴을 드러낸다. 마찬가지로 재능 있고 성실한 과학자 중 노벨
상 수상이라는 영예를 얻는 사람은 극히 일부에 불과하다. 일
본 과학자가 처음으로 노벨상을 수상한 것은 1949년이었고, 노
벨상을 받는 연구 성과가 발표된 것은 1935년경의 일이었다.
그러나 실제로는 이보다 훨씬 이른 시기부터 여러 일본인 과학
자들이 노벨상 후보로 이름을 올리고 있었다. 이 장에서는, 20
세기 전반에 노벨상 후보로 추천된 일본 과학자들을 살펴봄으
로써 일본의 연구 전통이 형성되어 간 물줄기를 짚어 보고자
한다.

기타사토 시바사부로: 1901년, 노벨상 근처까지 가다

노벨상이 처음으로 수여된 것은 1901년의 일로, 생리의학상 부문 첫 수상자로 선정된 것은 독일의 베링(Emil Adolf von Behring, 1854~1917)이었다. 그런데 주목할 것은, 같은 해의 생리의학상 후보자로 일본의 기타사토 시바사부로(北里柴三郎, 1853~1931)도 함께 포함되어 있었다는 사실이다. 노벨상이 시작되던 20세기의 첫 무렵부터, 이미 일본인 과학자가 노벨상 후보로 거론되고 있었던 것이다.

19세기 서구에서 출발한 근대 과학기술은 제국주의라는 궤도를 따라 세계로 퍼져 나가고 있었고, 일본은 그 위를 달리는 열차에 몸을 실었다. 아니, 일본은 승객으로 만족하지 않았다. 1895년에 타이완을 식민지화함으로써 제국주의의 길로 접어든 일본은, 서구에서 생산된 과학지식을 배우는 데 그치지 않고 제국주의 열강과의 연구 경쟁에도 뛰어들었던 것이다. 일본이 이러한 경쟁에 뛰어든 배경에는 서구에 대한 공포와 열등감이 자리 잡고 있었다고도 하겠다. 하지만 19세기의 끝 무렵부터는 이미 일본 스스로도 제국주의 세력의 하나로 변모해 가고 있었고, 우리도 그 희생자 중 하나가 되고 말았다.

실은, 노벨 생리의학상 첫 수상자로 이름을 남긴 베링은 기타사토와 서로 잘 알고 있는 사이였다. 두 명 모두, 세균학의 권위자이자 1905년에 노벨 생리의학상을 수상한 코흐(Heinrich Hermann Robert Koch, 1843~1910)의 문하생이었다. 각각 1885

코흐   기타사토

년과 1889년에 베를린 대학 코흐 연구실에 입문한 기타사토와 베링은, 1890년에 공저로 혈청 요법에 관한 논문을 발표했다. 베링이 노벨상을 수상하게 된 업적이 혈청을 이용한 면역 요법에 있었고, 이에 관한 논문이 기타사토와의 공동 연구를 기반으로 한 것이라는 점을 감안한다면, 기타사토도 같은 이유로 노벨상을 수상할 가능성은 없지 않았다. 최소한 1901년의 단계에서 이미 일본 출신의 한 연구자가 노벨상과 상당히 가까운 위치에 있었던 것은 사실이라고 하겠다.

1852년에 태어난 기타사토는 1871년에 고향에 있던 구마모토(熊本) 의학교에 입학했고, 4년 후인 1875년에는 도쿄 의학교에 새로이 입학했다. 도쿄 의학교는 1877년에 조직 개편을 통해 도쿄 대학의 일부가 되었고, 기타사토는 1883년에 도쿄 대학 의학부를 졸업했다.

대학을 졸업한 후 내무성 위생국에 근무하고 있던 기타사토가 연구자로서 활약할 수 있게 된 계기는 1885년에 찾아 왔다.

그해 12월부터 베를린 대학의 코흐 연구실로 유학할 수 있게 되었던 것이다. 기타사토는 그로부터 약 6년간, 1892년 1월까지 독일에 체류하면서 세균학 연구를 몸으로 배우게 된다.

독일로 건너 간 기타사토에게 코흐가 던져 준 연구 주제는 티푸스균과 콜레라균에 관한 것이었다. 아직 서구인 이외의 과학자를 거의 알지 못하던 시기에, 기타사토는 1887년경부터 티푸스와 콜레라 등에 관한 연구 성과를 내기 시작했다. 특히 1889년에는 파상풍균의 순수배양에 성공했는데, 이는 그때까지 다른 연구자들이 실패해 왔던 주제였다. 기타사토는 파상풍균이 산소를 싫어하는 경향을 지니고 있으며 다른 잡균보다 열에 강하다는 사실에 주목하여 파상풍균만을 배양하는 방법을 개발할 수 있었다. 그리고 이듬해에 기타사토는 파상풍의 독소 및 그 병리학적 성질을 밝히는 논문을 발표했다.

한편 기타사토보다 다소 늦게 코흐 연구실에 합류한 베링은 디프테리아에 관한 연구에 착수했고, 곧이어 기타사토와의 공동 연구가 시작되었다. 그 결과는 1890년에 공저 논문으로 발표되었는데, 그 내용은 면역을 지닌 동물의 혈액이 독소를 중화하는 능력을 지닌다는 것이었다. 그리고 결국 1901년에 베링은 혈청을 이용한 면역 요법, 특히 디프테리아에 대한 적용을 평가받아 노벨상을 수상하게 된다.

기타사토와의 공동 연구를 바탕으로 베링이 노벨상을 수상했다는 사실은, 기타사토에게도 이 상을 받을 기회가 있었다는 것을 암시한다. 실제로 부다페스트 대학의 보케이(Arpad de

Bokay, 1856~1919)는 파상풍 및 페스트에 관한 기타사토의 업적을 평가하면서 베링과 더불어 기타사토를 노벨상 후보로 추천했다. '백인종이 아님에도 과학을 발전시키고 있는 민족'으로서 일본인과 헝가리인이 거론되곤 하던 당시, 헝가리의 과학자 보케이는 유럽의 다른 과학자들에 비해 아시아에 대해 관심을 가지고 있었을 가능성도 없지는 않다.

그러나 베링은 이미 유럽에서 유명 인사였다. 그는 1894년에 할레(Halle) 대학, 그리고 1895년에는 마르부르크(Marburg) 대학 교수로 부임했고, 1898년에는 귀족의 지위를 부여받았다. 노벨상이 막강한 권위를 지니고 있는 지금과는 달리, 과학자들 사이에서 아직 이 상에 대한 관심이 그다지 높지 않았던 당시에는 노벨상 위원회가 상의 권위를 높이기 위해 이미 잘 알려진 저명한 과학자에게 상을 수여하곤 했다고 한다. 베링이 단독 수상자로 결정된 배경에는 이러한 상황이 자리 잡고 있었을지도 모른다.

기타사토는 비록 노벨상을 수상하지는 못했으나, 그가 이미 1900년을 전후한 시기에 해외 과학자로부터 실력을 인정받았던 것은 사실이다. 이는 그가 서구에서 만들어진 지식을 배우는 데 그치지 않고 새로운 지식을 창출해 내는 방법까지 익힐 수 있었기 때문이다. 과학 연구라는, 아직 정답이 주어지지 않은 영역을 스스로 개척해 가는 활동에 적극적으로 뛰어들고 있었던 것이다.

현재 일본에는 그의 이름을 딴 기타사토 대학이 존재하는

데, 이는 그가 뛰어난 연구자였던 동시에 독특한 리더십을 지닌 관리자이기도 했다는 점을 보여 준다. 기타사토는 앞에서 살펴 본 바와 같이 독일 유학 중에 큰 연구 성과를 낼 수 있었지만 일본의 동료 및 상사와는 좋은 관계를 유지하지 못했고, 일본으로 귀국한 후 처음에는 갈 곳이 없어 무직 상태였다. 이러한 상황에서 사상가 후쿠자와 유키치(福澤諭吉)의 지원을 바탕으로 1892년에 사립 전염병 연구소가 설립되자 여기에 자리를 잡았고, 이 연구소가 1899년에 국립 연구소로 바뀐 후에는 소장으로 취임했다. 그러나 그는 1914년에 정부와의 의견 대립으로 소장직에서 물러나, 사립 기관인 기타사토 연구소를 설립했다. 이렇듯 기타사토는 체제에 순응하려고 하는 인물은 아니었다고 할 수 있는데, 이러한 기타사토의 도움이나 지도를 통해 성장해 간 연구자들은 적지 않았다. 기타사토와 인연이 있는 인물로서 노벨상 후보로까지 추천된 과학자를 예로 들면, 매독의 화학 요법 제제인 사르바르산을 제조한 하타 사하치로(秦佐八郎, 1873~1938), 신경 생리학 연구를 통해 파블로프(Ivan P. Pavlov, 1849~1936)의 주목을 끌게 되는 가토 겐이치(加藤元一, 1890~1979), 그리고 뒤에서 살펴볼 노구치 히데요 등이 있다. 기타사토는 때로는 정부 엘리트와 대립해 가면서 의학 연구 전통의 한 갈래를 형성해 가고 있었던 것이다.

야마기와 가쓰사부로: 국제 정치와 암 연구

　이렇듯 의학 연구자 기타사토의 활동은 정치적인 문제와도 얽혀 있었지만, 보다 넓은 차원에서 보자면 당시의 의학 연구는 국제 정치적 맥락과도 무관한 것이 아니었다. 그 대표적인 예로서, 인공적으로 암을 발생시킨 업적을 통해 네 차례에 걸쳐 노벨 생리의학상 후보로 추천된 야마기와 가쓰사부로(山際勝三郎, 1863~1930)의 연구를 들 수 있다.

　현재와는 달리 야마기와가 암 연구를 시작했던 20세기 첫 무렵의 일본에서 암은 실질적으로 그다지 중요한 문제가 아니었다. 당시 일본의 질병 환경에서는 암에 비해 각기병이나 각종 전염병이 훨씬 더 심각한 문제였던 것이다.

　도쿄 대학의 과학사학자 오카모토 다쿠지(岡本拓司)에 따르면, 당시의 일본에서 암 연구를 추진한 배경에는 세계와 경쟁하고자 하는 의식이 자리 잡고 있었다고 한다. 야마기와의 암 연구를 지원한 '암 연구회'는 1908년에 설립되었는데, 그 개회사에서는 "러일전쟁의 결과 일본 제국의 지위는 구미 열강과 어깨를 나란히 하게 되었으며, 이러한 상황에서 일본이 국제적으로 존경받기 위해서는 군사력이나 경제력뿐만 아니라 문화 면에서의 진보도 필요하다."는 이념이 제시되었다. 즉, "일본 학자들이 서구 선진국 과학자들보다 더 많은, 그리고 더 좋은 결과를 낸다면 일본의 국제적 지위도 상승될 것"이라는 기대가 암 연구를 지원한 배경에 존재하고 있었다는 것이다. 1908년이라는 시기는, 러시아와의 전쟁에서 승리한 일본에서 '1등국 의식'이 자리 잡기 시작하던 반면에 유럽인들 사이에는 '아시아인이 세계를 지배하게 될지도 모른다.'라는 두려움이 번지고 있던 시기였다. 이러한 국제 정치적 맥락에서 볼 때, 암 연구의 발전이란 일본이 군사적 강국일 뿐만 아니라 '과학을 존중하는 문명국'이기도 하다는 것을 세계에 떨쳐 보일 수 있는 수단의 하나로 여겨질 수 있었다. 바꿔 말하면, 암 연구는 '인종'이나 '문명'이라는, 당시의 일본이 골치를 썩이고 있던 국제 정치적 문제를 해결할 수 있는 외교적 도구 중 하나였다고도 할 수 있는 것이다.

이러한 배경에서 암 연구를 추진한 야마기와는, 당시 일본의 전형적인 과학 엘리트였다. 그는 1888년에 제국대학(1877년에 설립된 도쿄 대학은 1886년에 제국대학으로 이름을 바꾸었으며, 1897년에 두 번째 대학인 교토 제국대학이 설립될 때까지 이 명칭을 유지했다)을 졸업한 후 조수로 채용되었다. '조수'란 젊은 연구자가 대학 교원으로서 처음 채용될 때 흔히 부여받던 직급으로, 일종의 엘리트 예비군이라고 할 수 있다. 야마기와는 몇 해 지나지 않아 1891년에는 조교수로 승진했고, 독일로 유학하여 피르호(Rudolf Virchow, 1821~1902)의 연구실에서 16개월간 체류하면서 연구를 수행했다. 피르호는 암의 발생 원인이 지속적으로 가해지는 외적 자극에 있다는 입장을 취하고 있었고, 이러한 이론은 야마기와에게도 영향을 주었다. 그러나 1894년에 일본으로 귀국한 야마기와가 바로 암 연구를 시작한 것은 아니었다. 그가 암 연구에 관심을 가진 것은 「암」이라는 잡지를 창

간하는 1905년경의 일이었고, 본격적으로 연구를 진행한 것은 병약한 그를 도와 실험을 수행하는 조수로서 1913년에 도호쿠 제국대학 농과대학을 졸업한 이치카와 고이치(市川厚一, 1888~1948)를 채용하면서부터였다.

시행착오를 거듭한 끝에, 야마기와와 이치카와가 암 연구를 위한 실험동물로 고른 것은 토끼였다. 토끼는 비교적 긴 수명을 지녔고, 자연 상태에서 암에 걸렸다고 보고된 바 없으며, 자극을 주기 쉬운 긴 귀를 지녔다는 이유에서였다. 그들은 토끼 귀에 콜타르를 바르는 등 지속적으로 자극을 줌으로써 인공적으로 암을 발생시키는 실험을 계속해 나갔다. 이는 장기간에 걸치는 지루하고 고된 실험이었다. 특히, 토끼의 생명을 유지해 가면서 암을 발생시키는 작업은 쉬운 일이 아니었다고 한다. 물론 토끼 입장에서는 훨씬 더 고된 일이었을 것이다. 칼로 피부에 상처를 내는 등의 고통을 참아야 했고, 강제적으로 암에 걸려야만 했기 때문이다.

어려운 실험 끝에 야마기와와 이치카와는 1915년에 실험용 토끼로부터 암화한 세포를 발견했고, 그해에 독일어로 논문을 발표했다. 한편 야마기와의 제자인 쓰쓰이 히데지로(筒井秀次郎)는 쥐에게 콜타르를 발라 암을 발생시키는 데 성공했고, 이후 이 기법이 널리 퍼지게 되었다. 한편 이러한 일본에서의 암 연구는 당시 도쿄를 방문했던 록펠러 의학연구소의 플렉스너(Simon Flexner)나 존스 홉킨스 대학의 웰치(William H. Welch) 등을 통해 외국 학자들에게도 알려졌고, 1918년에 야마기와는 미국 암 연구 협회의 명예회원으로 추천받게 된다.

야마기와를 노벨상 후보로 추천하는 움직임이 일기 시작한 것은 이렇듯 그의 연구 성과가 국제적으로 알려지면서부터였다. 그가 처음으로 추천된 것은 1925년도 노벨 생리학상 후보로서였고, 이후 계속해서 1926년도 후보로 독일 프라이부르크의 아쇼프(Ludwig Aschoff, 1866~1942)가, 그리고 1928년도 후보로는 미국 시카고 대학의 막시모프(Alexander Maximow)가 야마기와를 추천했다. 야마기와가 마지막으로 노벨상 후보로 추천된 것은 1935년도였는데, 이때 야마기와는 이미 고인이었다. 잘 알려져 있듯이 노벨상은 생존자에게만 수여된다.

이렇듯 야마기와는 여러 차례에 걸쳐 노벨상 후보로 추천되면서도 결국 수상하지는 못했는데, 실제로 인공적으로 암을 발생시킨 성과를 통해 노벨상을 수상한 사람은 덴마크의 피비게르(Johannes A. G. Fibiger, 1867~1928)였다. 피비게르는 바퀴벌레를 잡아먹고 기생충에 감염된 쥐에게서 암이 발생했다는 것을 발견하여 1913년에 기생충이 암을 발생시키는 원인이라고 발표했고, 이 성과를 통해 1926년도 노벨 생리의학상을 수상하게 된다. 야마기와로서는 불운이었다. 1950년대 이후 피비게르의 연구 결과가 잘못된 것이었다고 지적받게 된 것이다. 그러나 잘못된 연구라고 할지라도 전문가들의 눈을 피해 나가는 경우는 있는 법이다. 현재의 시각에서 보자면 피비게르 대신 야마기와가 노벨상을 받는 것이 정당했다고 할 수도 있으나, 피비게르의 연구가 결정적으로 부정되지 않았던 1920년대 당시의 관점에서 보면 야마기와의 연구는 그다지 새로운 것이 아니라는 판정을 받을 수도 있었다.

스즈키 우메타로: 비타민의 발견자는 누구인가

야마기와가 암 연구를 시작한 배경에 서구인과 비서구인 사이에 존재하는 인종적인 장벽을 넘어서려는 당시 일본의 갈망이 자리 잡고 있었다고 한다면, 비타민 연구에 대한 공헌을 통해 1914년도 이래 여러 차례에 걸쳐 노벨상 후보로 추천받은 스즈키 우메타로(鈴木梅太郎, 1874~1943)의 영양학적 연구도 그 자신의 인종적인 문제의식과 관련되어 있었다. 다른 한편으로, 당시 일본의 질병 중에서 암이 그다지 심각한 문제가 아니었던 것과는 달리, 스즈키의 연구 대상 중 하나였던 각기병은 사회적으로 무척 중요한 의미를 지니고 있었다.

1900년을 전후한 시기의 일본에서, 말초신경에 문제가 생겨 다리를 못 움직이고 심장이 영향을 받아 사망에까지 이르기도 하는 질병인 각기병에 대한 연구가 활발하게 진행되고 있었는데 그 배경에는 무척이나 정치적인 맥락이 자리 잡고 있었다. 러일전쟁이 한창이던 1904년 여름, 일본 육군에서 각기병이 대규모로 발생하여 다수의 군인이 사망했고, 이를 계기로 1908년에는 육군 내에 '임시 각기병 조사회'가 설립되었다. 일본이 제국주의 세력으로 팽창해 가던 과정에서 각기병이란 중요한 군사적 문제 중 하나였던 것이다.

사실, 당시의 일본 육군 내에 각기병 환자가 속출한 데는 병사에게 흰쌀밥을 제공한 것이 원인으로 지적되고 있다. 해군에서는 보리밥을 섞어 먹인 결과 각기병을 거의 몰아내는 데 성공했으나, 육군에서는 "보리밥을 먹으면 각기병이 낫는다."라는 주장을 과학적인 근거가 없는 것으로 여겼던 것이다. 현재의 영양학적 상식으로는 각기병이 비타민 결핍에 의해 발생한다고 이해되고 있지만, 세균과 질병 사이의 관련성이 하나하나 밝혀져 가고 있던 당시의 의학계에서는 각기병도 세균에 의해 발생한다는 견해가 주류였다. 이러한 지적 상황을 감안한다면, '보리밥' 따위가 병을 낫게 한다는 주장이 비과학적인 태도로 받아들여졌다고 해도 그다지 이상할 것은 없었으리라.

　스즈키의 연구는 처음부터 당시의 일본이 직면해 있던 실천적인 문제와 직결되어 있었다. 1874년에 시즈오카(靜岡)현의 농가에서 출생한 그는 1896년에 제국대학 농과대학을 졸업한 후 대학원에 진학했고, 식물의 아미노산에 관련된 연구와 더불어 뽕나무의 질병에 대해서도 연구를 진행했는데, 특히 후자는 견직물이 당시 일본의 중요한 수출 산업 중 하나였다는 사실과 무관하지 않았다.

　한편, 스즈키가 영양학 연구를 한 것에는 그의 인종적인 문제의식도 관련되어 있었다. 그는 1901년에 유럽으로 유학을 떠났는데, 유럽 체재 경험을 통해 그가 느낀 것 중 하나는 서구인에 비해 일본인의 체격이 빈약하다는 것이었다. 스즈키는 이 문제를 일본 사람들의 주식인 쌀과 관련되어 있으리라 추측했고,

쌀 단백질의 영양가가 고기에 비해 뒤떨어지는 것이 아닐까 하고 생각했다.

1906년에 일본으로 귀국한 스즈키는 당시 심각한 문제였던 각기병 연구를 시작했다. 그는 영양학적 관점에서 흰쌀, 현미, 쌀겨에 포함된 단백질을 분석했고, 흰쌀을 먹인 닭에서 나타나는, 각기병과 비슷한 질병에 관한 네덜란드 과학자의 연구에 주목했다. 당시 일본에서 각기병이 군대의 건강과 관련된 정치적 과제였다면, 쌀을 주식으로 하는 인도네시아를 식민지로 지닌 네덜란드의 입장에서 이는 식민지 경영과 관련된 문제였다. 네덜란드는 1886년에 각기병의 원인을 조사하는 위원회를 파견했고, 에이크만(Christiaan Eijkman, 1858~1930)은 인도네시아에 체류하면서 연구를 계속했다. 그는 닭에서 각기병과 비슷한 증상을 발견했고, 쌀겨를 먹였더니 이 병이 낫는 것을 확인했다. 이에 대한 에이크만의 해석은, 흰쌀에는 병을 일으키는 독소가 존재하고 쌀겨에는 이 독소를 중화시키는 성분이 있으리라는 것이었다.

한편, 스즈키는 "쌀겨에 중요한 화학 성분이 포함되어 있는 것이 아닐까?" 하는 생각에서 연구를 진행했고, 1910년에는 각기병과 유사한 동물의 질병을 예방 및 치료하는 데 효과를 지닌 성분을 추출하는 데 성공했다. 그는 쌀겨에서 추출한 물질이 각기병을 치료하는 데 효과가 있다고 생각했으며, 새로운 영양소라고 판단한 이 성분에 '오리자닌'이라는 이름을 붙였다.

그러나 각기병에 관한 스즈키의 연구가 처음부터 주목받았던 것은 아니었다. 농업화학자인 스즈키는 새로운 성분이 동물에 끼치는 효과를 확인할 수는 있었으나, 의사가 아닌 탓에 사람의 각기병에 대한 임상 평가를 할 수는 없었다. 즉, 스즈키가 추출한 성분이 사람에게도 유효한지를 확인하기 위해서는 의사들의 도움이 필요했던 것인데, 의학자들이 각기병에 대해 주로 전염병설을 지지하고 있던 당시에 이는 쉬운 일이 아니었다. 결국 1913년에 이르러서야 의사들에 의한 임상 시험이 시작되었고, 서서히 스즈키의 주장이 받아들여졌다.

실은, 스즈키가 '오리자닌'이라고 이름 붙인 물질은 현재는 비타민 B_1으로 알려져 있는 영양소이다. 바꿔 말하면 스즈키의 각기병 연구는 비타민이라는 새로운 영양소를 발견해 가는 과정이기도 했던 것이다. 이에 따라 일본에서는 흔히 스즈키를 '비타민의 발견자'라고 부르곤 한다.

그러나 비타민이라는 이름은 스즈키로부터 나온 것이 아니다. 스즈키와 거의 같은 시기, 1911년 12월에 폴란드 출신의 풍크(Kazimierz Funk, 1884~1967)는 조류의 각기병에 효과가 있는 성분을 결정화하는 데 성공했고, 1912년에는 괴혈병 등에 관한 연구 성과도 포함시킨 논문을 발표하면서 이 새로운 영양소에 '비타민'이라는 이름을 붙였다. 우리에게 친근한 비타민이라는 이름은 여기서 비롯된 것이다.

그렇다면 도대체 비타민을 발견한 사람은 누구인가? 사실, 비타민의 발견자를 한 명으로 특정 짓는 것은 무척 곤란한 일이다. 비타민 연구는 각기병에 대한 대응, 그리고 미지의 필수영양소에 대한 탐구라는 두 갈래를 통해 형성되어 왔고, 이에 따라 연구의 흐름이 상당히 복잡한 모습을 띠고 있기 때문이다.

물질로서의 비타민을 추출해 내는 데 가장 먼저 성공한 것은 스즈키와 풍크였지만, 개념으로서의 비타민에 관해서는 이들의 선구자들이 있었다. 1905년에 네덜란드 유트레히트 대학의 페켈하링(C. A. Pekelharing)은 인공 사료만을 가지고는 동물을 제대로 성장시킬 수 없으며, 이를 보완하는 필수영양소가 우유 안에 포함되어 있다는 주장을 발표했다. 한편, 1906년에는 영국 케임브리지 대학의 홉킨스(Frederick Gowland Hopkins, 1861~1947)가 단백질, 지방, 탄수화물, 무기염류 이외에도 동물의 생존에 필요한 요소가 존재한다고 주장하면서 '부영양소'라는 개념을 제창했다. 페켈하링과 홉킨스는 이 미지의 영양소를 물질로서 분리해 내는 데 성공하지는 못했지만, 개념으로서의 비타민을 발견했다는 점에서는 스즈키 및 풍크보다 앞서 있었던 것이다.

이렇게 보면, 결국 '비타민의 발견자는 누구인가?'라는 질문은 그다지 큰 의미가 없는 것이 아닐까 한다. 독일 괴팅겐 대학의 호이브너(Wolfgang Heubner)는 1914년도 노벨 생리의학상 후보로 비타민 발견의 업적을 들어 풍크, 에이크만과 함께 스즈키를 추천했다. 그리고 도쿄 제국대학의 동료 과학자들도 1927년도 및 1936년도 노벨 화학상 후보로 스즈키를 추천했다. 그러나 결국 스즈키에게 상이 돌아가지는 않았다. 비타민 연구에 대해 노벨 생리의학상을 수상한 것은 네덜란드의 에이크만과 영국의 홉킨스로, 1929년의 일이었다.

노구치 히데요: 일본을 벗어나 유명인사가 되다

노벨상에 가까이 간 또 한 명의 일본 과학자로, 1,000엔권 지폐 초상화의 주인공으로서 일본에서는 모르는 사람이 거의 없는 노구치 히데요(野口英世, 1876~1928)를 들 수 있다. 그는 1913년도 노벨상 후보로 추천을 받은 이래 아홉 차례에 걸쳐 추천을 받았다. 한편, 노구치를 노벨상 후보로 추천한 스물 네 명 중 일본인은 네 명에 불과했고, 그에 대한 추천서는 대부분 외국인 과학자들이 보낸 것이었는데, 이는 노구치가 일본이라는 지리적 맥락을 벗어나 활약한 인물이었다는 사실을 잘 보여주고 있다.

노구치는 일본 국내에서 엘리트로 성장한 과학자는 아니었다. 어릴 적에 화상을 입어 왼손이 부자유스러웠던 그는, 가정이 유복하지 못했던 탓에 요즘으로 치면 중학교를 졸업한 정도의 학력밖에는 지니지 못했다. 그러나 그는 1897년에 거의 독학으로 의사 시험에 합격했고, 1898년에는 기타사토의 전염병 연구소에서 근무하게 되었다.

노구치의 본격적인 연구 활동은 미국에서 시작되었다. 스물네 살 때 펜실베이니아 대학의 병리학 교수 플렉스너(Simon Flexner)의 초청을 통해 미국으로 자리를 옮긴 것이다. 미국으로 건너간 노구치는 뱀독에 관한 연구 등을 평가받아 덴마크

국립 혈청 연구소에 파견되는 기회를 얻을 수 있었으며, 미국에 돌아온 후에는 록펠러 의학연구소에 채용되었다. 그리고 1911년, 노구치는 매독 병원체의 순수 배양에 성공했다고 발표해 세계적으로 주목을 끌었다. 이 연구 결과는 현재 부정되고 있으나, 이 발표를 계기로 노구치는 세계적인 유명인사가 되었다.

노구치에 대한 노벨상 후보 추천은 1913년을 시작으로, 이후 1914년, 1915년으로 연이어졌다. 제1차 세계대전의 발발로 인해 1915년부터 1918년까지는 수상자가 없는 공백 기간으로 접어들었으나, 전쟁이 끝난 후에는 다시 후보로서 그에 대한 추천장이 1920년, 1921년, 1924년, 1925년, 1926년, 그리고 1927년, 거의 매년 노벨상 위원회에 도착했다. 추천 이유는 주로 매독 및 황열병에 대한 그의 업적을 평가한 것이었다. 그러나 열대병 연구를 수행하던 노구치는 1928년, 자신이 연구하던 대상인 황열병에 걸려 사망했고, 결국 그에게 노벨상이 돌아가지는 않았다.

노구치가 발견했다고 주장한 소아마비, 광견병, 황열병 등의 병원체는 현재 인정되지 않고 있다. 그러나 이를 가지고 그를 비난하는 것은 다소 섣부른 측면이 있다. 이들 질병의 병원체로 알려져 있는 바이러스는, 당시 노구치가 연구에 사용하던 광학현미경에는 안 보이는 것들이었기 때문이다. 기술 수준의 시대적인 한계로 인해 노구치는 실제의 범인을 볼 수 없었던 것이다. 전자현미경을 통해 바이러스를 관찰할 수 있게 된 것은 노구치 사후의 일이었다.

성장과 열망

이 장에서 살펴본 바와 같이, 1949년에 처음으로 노벨상 수상자를 배출하기 이전에도 이미 여러 명의 일본인 과학자들이 노벨상 후보로 이름을 올리고 있었다. 이들은 비록 최종적인 수상자로 결정되지는 못했으나, 국제적으로 활약하면서 주목을 받고 있었던 일본 출신 과학자들은 상당수 존재했던 것이다.

이들 중에는, 당시 일본 과학계의 전형적인 엘리트 코스를 밟은 사람들이 적지 않았다. 야마기와 가쓰사부로, 기타사토 시바사부로, 스즈키 우메타로는 모두 당시 일본에 존재하던 유일한 대학인 도쿄 대학 혹은 제국대학을 졸업한 후 유럽으로 유학을 가서 국제적인 연구 동향을 익힌 후 일본으로 귀국해 활약했다.

그러나 이들 모두의 연구 인생이 순탄하고 안정적인 것은 아니었다. 기타사토의 경우 정치권력에 저항하면서 결국 사립 연구소를 설립했고, 스즈키는 각기병을 연구하면서도 의사가 아니라는 이유 때문에 어려움을 겪기도 했다. 노구치의 경우에는 엘리트 코스와는 상당히 거리가 먼 지점에서 출발했다는 점에도 주의할 필요가 있다. 어린 시절부터 어려움을 겪었던 그에게는 대학에 입학할 수 있는 기회가 주어지지 않았으며, 결국 그가 과학자로서 본격적으로 활약할 수 있었던 것은 신천지인 미국으로 건너간 이후의 일이었다.

한편, 1949년 이전에 일본 과학자들이 노벨상 후보 명단에 이름을 올린 것은 대부분 생리의학상 부문이었으며, 이에 비해 화학상이나 물리학상 후보로 추천된 일본인 과학자들의 수는 상대적으로 적었다. 화학상과 관련해서 살펴보면, 앞에서 간략히 언급한 하타 사하치로가 1911년도 화학상 후보자로 추천된 바 있었고, 스즈키 우메타로도 1927년과 1936년도 화학상 후보로 추천되었다. 즉, 생리의학상 후보로 거론되던 인물들이 화학상 후보로도 추천된 정도였던 것이다. 또한 물리학상 후보로는 혼다 고타로(本多光太郎, 1870~1954)가 동료들에 의해 추천된 정도였는데, 그 뒷면에서는 혼다의 스승이기도 한 나가오카 한타로(長岡半太郎, 1865~1950)가 1910년대부터 여러 차례에 걸쳐 후보 추천 의뢰를 받으면서도 1930년대에 이르기까지 줄곧 외국의 물리학자만을 추천하고 있었다. 나가오카는 일본인 과학자가 노벨상을 수상하기를 열망하고 있었지만, 당시 일본 물리학의 수준이 세계와 어깨를 나란히 할 만큼 성숙하지는 못했다고 보았던 것이다.

그런데 실제로 나가오카가 노벨상 후보를 추천한 판단력은 상당히 정확했던 것으로 보인다. 그가 추천한 후보는 모두 노벨상을 수상했던 것이다. 이러한 나가오카가 노벨상 후보로서 일본인 물리학자를 처음으로 추천한 것은 1940년의 일이었고, 여기서도 나가오카가 추천한 후보 모두가 노벨상을 수상한다는 법칙은 깨지지 않았다. 나가오카로부터 추천을 받은 것은 유카와 히데키였고, 그가 결국 1949년에 일본인으로서는 최초로 노벨상을 수상하게 된다. 1949년이라는 시기는 일본이 제2차 세계대전에 패망한 직후였고, 이는 일본이 과학의 힘에서 미국에 비해 압도적으로 뒤떨어졌다는 상황을 뼈아프게 보여 주는 것이기도 했다. 그러나 역설적으로 이러한 시기에 일본은 처음으로 노벨상 수상자를 배출하게 된다.

전쟁과 평화 사이에서: 소립자 물리학의 계보

　2008년 12월, 노벨상 수상자 강연에서 마스카와 도시히데가 사용한 언어는 일본어였다. 그는 어눌하게 "죄송하지만 저는 영어를 못 합니다."라는 한마디만을 영어로 이야기했을 뿐이었다. 놀랍게도 일흔 살을 바라보던 이 물리학자는 노벨상 수상식에 참가하기 위해 평생 처음으로 여권을 만들었을 정도로 국제무대와는 거리가 멀었다. 그러나 뒤집어 생각해 보면 이렇듯 영어에 서툴고 해외 나들이를 하지 않았던 사람이 과학자가 되고 노벨상까지 탈 수 있었다는 사실은 일본의 과학 연구가 지니고 있는 자립성의 한 측면을 잘 보여 준다고도 할 수 있다.

　물질을 구성하는 가장 근본적인 요소인 소립자를 연구하는 물리학 분야는 오랜 기간에 걸쳐 일본 내에 연구 전통을 뿌리

내려 왔고, 이를 바탕으로 다수의 노벨상 수상자가 배출될 수 있었던 것이다.

다른 한편으로, 일본의 소립자 물리학자들 중에는 사회에 대해서 적극적으로 발언하고 활동해 온 인물이 적지 않다는 점에도 주목할 필요가 있다. 이들이 연구하는 대상인 원자보다 작은 세계는 원자폭탄이라는, 과학이 지닌 무시무시한 힘을 보여 주는 상징적인 무기와 무관하지 않았고, 유일하게 원자폭탄이 투하된 나라의 과학자로서 그들이 핵무기에 대해 침묵으로 일관하기는 힘들었던 것이다. 이 장에서는 노벨상 수상자들의 연구 인생을 통해 일본의 소립자 물리학 전통이 성장해 온 과정을 뒤돌아보는 동시에 그들의 사회적 활동에 대해서도 살펴보기로 한다.

일본 물리학의 초석을 다지다

일본의 물리학 전통과 관련해서는, 앞 장의 마지막 부분에서 소개한 나가오카 한타로를 빼 놓고 이야기할 수 없다. 19세기가 끝나갈 무렵에 톰슨(J. J. Thomson, 1856~1940)이 전자를 발견한 이후 원자는 더 이상 물질의 최소 단위일 수 없게 되었으며, 물리학자들은 이제 원자의 내부가 어떠한 구조를 지니고 있는가를 탐구하게 되었다. 이 문제에 대해 나가오카는 1903년경, 마치 토성의 주위를 위성이 공전하고 있듯이 양의 전하를 띤 원자핵 주위를 전자가 돌고 있다는 이론적 모델을 발표했는데, 1911년에 러더포드(Ernest Rutherford, 1871~1937)가 실험을 통해 원자핵의 존재를 확인하면서 나가오카는 국제적으로 유명해졌다. 나가오카에게 처음으로 노벨상 후보 추천 의뢰가 온 것도 이 시기였다.

한편, 나가오카는 당시의 일본 물리학 연구 풍토에 대해 "지엽적인 문제에만 매달리면서 기초 연구를 소홀히 하고 있다."는 불만을 터뜨리곤 했는데, 제1차 세계대전을 계기로 일본의 물리학 및 화학을 둘러싼 환경은 변화를 겪었다. 이 전쟁은 일본으로 하여금 과학 연구가 외국에 대한 의존에서 벗어나야 할 필요성을 절실히 느끼게 하는 계기였던 것이다. 제1차 세계대전에서 독일과 적대국이 된 일본은 그때까지 독일에 의존해 왔던 화학공업 제품을 수입할 수 없게 되었고, 이는 일본 경제 전반에 위협으로 다가왔다. 이러한 위기의식을 배경으로 자립적인 화학 연구, 그리고 자립적인 물리학 연구의 중요성을 강조하는 목소리가 높아져 갔고, 1917년에는 일본을 대표하는 연구기관 중 하나인 '이화학연구소(理化學研究所)'가 설립되었다. 여기서 '이화학'이란 물리학과 화학을 의미한다.

다른 한편으로, 과학사학자 김동원이 지적하듯이 일본 물리학의 계보와 관련해서는 니시나 요시오(仁科芳雄, 1890~1950)의 역할도 빼놓을 수 없다. 1918년에 도쿄 제국대학 전기공학과를 졸업한 니시나는 1921년에 러더포드 밑으로 유학을 떠났고, 1923년부터는 6년에 걸쳐 닐스 보어가 있던 코펜하겐에서 연구를 계속했다. 이렇듯 물리학 연구의 첨단을 직접 경험하고 귀국한 니시나는, 1931년에 이화학연구소에 연구실을 꾸리면서 젊은 연구자들이 자유롭게 연구할 수 있는 공간을 제공했다. 아울러 그는 1931년에 교토 제국대학에서 양자역학에 관한 특별 강의를 했는데, 노벨상 수상자의 첫 세대가 되는 유카와 히데키(湯川秀樹, 1907~1981)와 도모나가 신이치로(朝永振一郎, 1906~1979)는 교토에서 니시나의 강의를 들을 수 있었다.

마지막으로 외적인 충격으로서 아인슈타인(Albert Einstein, 1879~1955)의 일본 방문이 끼친 영향에 대해서 언급해 두는 것도 무의미하지는 않을 것이다. 1922년 11월 9일, 노벨상 수상자로 결정되었다는 소식이 아인슈타인에게 전해진 것은 그가 일본행 배 안에 있을 때였고, 이러한 극적인 뉴스에 일본 열도는 열광으로 휩싸였다. 아인슈타인은 한 달 반 정도 일본에 머물며 각지에서 강연을 했고, 이러한 분위기 속에서 물리학의 전문가가 아닌 사람들도 이 분야에 대한 관심을 높여 갔다. 다시 말하면, 20세기 전반은 일본 물리학계가 질적으로 성장해 갈 수 있는 여러 발판을 마련해 가던 시기였던 것이다.

유카와 히데키: 일본인 최초의 노벨상 수상자

1949년에 일본인 최초로 노벨상을 수상하게 되는 유카와 히데키가 물리학자로 성장한 것은 이러한 배경 속에서였다. 특히 젊은 시절의 유카와에게 당시 갓 태어난 분야였던 양자역학은 매력적이었다. 아직 명확하게 밝혀지지 않은 무언가가 존재한다는 것은, 그만큼 앞으로 새로운 것을 밝혀낼 수 있는 가능성이 열려 있다는 것을 의미했던 것이다.

아울러, 역사가 길지 않은 분야라는 것은 서구 선진국에 비해 크게 뒤처지지 않은 출발 선상에서 연구를 시작할 수 있다는 것을 의미하기도 했다. 일본의 학자들이 일반적으로 대학을 졸업한 후 수년간 유럽으로 유학을 떠나는 것이 일반적이었던 당시, 유카와는 예외적으로 유학을 경험하지 않았다. 1929년에 교토 제국대학을 졸업한 그는 일본에서 계속 연구를 해 나갔고, 처음으로 해외를 방문하는 것은 그의 이론이 주목받은 이후인 1939년, 자립적인 연구자로 성장한 이후의 일이었다.

그러나 젊은 시절의 유카와는 유학을 떠나지 않고서도 세계 제일선의 과학자들을 만날 수 있었다. 1929년에 일본으로 귀국한 니시나는 독일의 하이젠베르크(Werner K. Heisenberg, 1901~1976)나 영국의 디랙(Paul A. M. Dirac, 1902~1984), 그리고 덴마크의 보어(Niels H. D. Bohr, 1885~1962) 등 당시 물리학의 변혁을 이끌고 있던 젊은 과학자들이 일본을 방문하도록 주선했고, 이들과의 만남을 통해 일본의 젊은 물리학자들은 큰 자극을 받을 수 있었던 것이다. 보어는 이미 1922년에 노벨상을 수상한 바 있었고, 하이젠베르크는 1932년에, 디랙은 1933년에 각각 노벨 물리학상을 수상하게 된다.

특히 1932년경은 유카와에게 중요한 시기였다. 채드윅(James Chadwick, 1891~1974)에 의해 원자핵 내부에는 양성자와 더불어 중성자도 존재한다는 것이 알려졌는데, 이는 원자핵 내부에 어떠한 힘이 존재하는지에 대해 어려운 문제를 던지는 것이었다. 원자핵이 양전하를 지닌 양성자와 전하를 지니지 않은 중성자로 구성되었다는 것은, 원자핵 내부에는 전기적으로 서로 강하게 밀어내는 힘만이 존재한다는 것을 의미했다. 즉, 어떻게 해서 원자핵은 이러한 강한 반발력을 극복하면서 결합되어 있는지에 대한 설명이 요구되었던 것이다.

이 문제를 풀기 위해 유카와는 원자핵을 결합시키는 힘을 매개하는 입자를 도입하게 되었고, 계산을 통해 이 입자, 즉 '중간자'가 전자의 200배 정도 되는 질량을 지닐 것으로 예측했다. 아직 관측된 적이 없는 입자를 가정한 유카와의 이론이 처음부터 환영받은 것은 아니었으나, 수년 후 우주선 관측 분야에서 유사한 결과가 나오면서부터 유카와의 예언은 주목받기 시작했다. 우주선(cosmic rays, 宇宙線)이란 우주로부터 쏟아져 내리는 고에너지 입자를 말하는데, 1937년에 미국의 앤더슨(Carl D. Anderson, 1905~1991)과 네더마이어(Seth H. Neddermeyer, 1907~1988)는 유카와의 중간자라고 해석될 수 있는 입자를 관측했다고 발표했다. 이들 미국 과학자들이 관측한 입자의 질량은 전자의 약 200배로, 유카와의 이론적 예측과 큰 차이가 없었다.

이러한 상황 전개 속에서 유카와의 이론은 세계 물리학계의 관심을 끌게 되었다. 유카와의 동료이자 경쟁자인 물리학자 도모나가 신이치로는 당시 독일에 유학 중이었는데, 그는 "그때까지 일본으로부터 기증된 잡지 「일본 수학물리학회 기사」는 도착하자마자 서고에 묻힌 채 누구에게도 읽힌 적이 없었다고 합니다. 그런데 유카와 논문이 나오기 시작한 무렵부터 이 잡지도 당당히 물리학과 도서실에 비치되었고, 유카와 등의 논문이 실린 페이지에는 사람들의 손때가 누렇게 묻어 있었습니다."라며 유럽 학계의 분위기 변화를 기록했다. 일본의 물리학 연구에 대해 그다지 관심이 없었던 유럽 물리학자들이 갑자기 유카와의 연구에 주목하게 된 것이다. 이에 대한 도모나가의 감상은, "그들의 입장에서 볼 때, '유카와'를 발견했다는 놀라움이 중간자 자체의 발견에 대한 놀라움보다 컸던 것 같다."였다.

이러한 새로운 흐름 속에서, 그때까지 일본 과학자를 후보로 추천한 적이 없었던 나가오카가 1940년도 노벨상 후보로 유카와를 추천했고, 같은 해에는 네덜란드의 물리학자 코스테르(Dirk Coster, 1889~1950)도 유카와를 추천했다. 그리고 이후에도 1941년, 1943년, 1944년, 1945년, 1946년, 1948년 등 연이어 유카와에 대한 추천장이 노벨상 위원회로 날아들었으며, 추천자 중에는 1929년도 노벨 물리학상 수상자인 프랑스의 드브로이(Louis-Victor de Broglie, 1892~1987)도 포함되어 있었다.

그러나 중요한 문제가 남아 있었다. 우주선 관측을 통해서 발견된 입자와 유카와가 이론적으로 예측한 중간자의 성질 사이에는 일치하지 않는 측면이 존재했고, 1945년 6월에 작성된 노벨상 위원회 보고서의 결론도 "현 시점에서 유카와가 예측한 입자의 중요성에 대해서는 확실한 판단을 내리기 힘들다."라는 것이었다. 이러한 상황 속에서, 유카와에 의해 탄생된 중간자 이론은 일본의 물리학자 그룹 에 의해 수정되어 갔다. 이화학연 구소의 니시나는 젊은 과학자들을 모아 중간자에 관한 토론회를 열었 는데, 여기에는 교토 제국대학에서 유카와에게 물리학을 배운 사카타 쇼이치(坂田昌一, 1911~1970) 등이 참가했다. 여기서 사카타 등은, 우 주선에서 관측된 중간자는 원자핵 을 결합시키는 중간자가 붕괴되어

유카와 히데키

생긴 것이며, 그러한 까닭에 유카와가 이론적으로 예측한 입자 와 실제 관측된 입자의 성질 사이에는 다소 차이가 나타난다 고 설명했다. 이후의 실제 관측 결과는 일본의 물리학자들에게 유리한 방향으로 흘러갔다. 1947년에 이르면 우주선에서 두 종류의 중간자가 발견되었고, 이듬해에는 가속기를 통해 중간 자를 인공적으로 만들어 내는 데 성공했다. 그리고 결국 1949 년에 유카와가 노벨 물리학상을 수상하게 되는 것이다.

아인슈타인이 일본으로 향하는 배 안에서 노벨상 수상 소식 을 들은 반면, 유카와가 노벨상 수상 소식을 들은 것은 미국에 서였다. 유카와는 프린스턴 대학 고등연구소, 그리고 컬럼비아 대학에 초빙되어 당시 미국에 체재하고 있었다. 서구 과학자와 대등한 입장의 연구자가 되기까지 해외를 방문하지 않았던 유 카와였지만, 제2차 세계대전에서 직후의 상황에서 승전국 미국

은 유카와 같이 우수한 과학자들을 끌어들이는 힘을 지니고
있었던 것이다.

도모나가 신이치로: 유카와의 동료이자 경쟁자

한편, 유카와보다 1년 먼저 태어나 16년 늦게 노벨 물리학
상을 수상하는 도모나가 신이치로는 고등학교 시절부터 유카
와와 동급생이었으며, 둘은 비슷한 환경 속에서 엘리트 코스를
밟아 가며 물리학 연구자로 성장해 갔다. 아버지가 교토 제국
대학에서 교편을 잡고 있었던 것도, 당시 새로운 학문 분야였
던 양자역학에 관심을 가진 것도, 그리고 니시나를 통해 해외
의 석학들로부터 자극을 받을 수 있었던 것도 모두 도모나가
와 유카와의 공통점이었다.

단, 유카와에 비해 도모나가는 지리적으로 이동을 해 가면
서 연구 생활의 젊은 시절을 보냈다. 도모나가는 우선 20대 중
반의 나이에 교토를 떠나 당시 도쿄에 있던 이화학연구소의 니
시나 연구실에서 물리학 연구를 했다. 그리고 1937년에는 독일
로 유학을 떠나 라이프치히 대학에서 하이젠베르크와 공동 연
구를 했다. 도모나가는 국경을 넘나들며 엘리트 과학자로 성장
하고 있었던 것이다.

전쟁은 이러한 이론 물리학자의 연구 인생에 변화를 불러일
으켰다. 1939년 8월, 도모나가는 제2차 세계대전의 기운을 느
끼면서 독일을 떠났고, 귀국한 후에는 해군 연구소에서 전쟁과

관련한 연구에도 종사했다.

그러나 전쟁이 진행되던 중에도 도모나가가 이론물리학 연구를 포기한 것은 아니었고, 그는 1940년대 초반부터 상대성이론과 양자역학을 융합시킨 이론을 연구하기 시작했다. 그런데 도모나가가 연구를 시작할 당시의 이론은, 지극히 작은 크기를 지닌 전자의 질량을 계산하면 무한대라는 값이 튀어나와 버리는 등 골치 아픈 문제점을 가지고 있었다. 도모나가는 이 문제를 해결하기 위해 계산 결과가 실험값과 일치하도록 보정을 했고, 그의 연구 성과는 양자 전기역학이라는 분야가 확립되는 데 기여했다. 도모나가가 이 업적을 인정받아 노벨 물리학상을 수상한 것은 1965년의 일이다.

한편, 이후 일본 물리학이 성장해 가는 과정과 관련해서는 교육자로서의 도모나가에 대해서도 주목할 필요가 있다. 1941년에 도쿄 문리과대학(이 대학 등을 바탕으로 하여 현재의 쓰쿠바 대학이 설립됨)에 교수로 부임한 도모나가는 1946년부터 '도모나가 세미나'를 실시했는데, 여기에는 소속 대학인 도쿄 문리과대학뿐만 아니라 도쿄 제국대학의 학생도 참여했고, 이는 후배 세대의 물리학자들이 성장해 나갈 수 있는 발판이 되었다. 그리고 젊은 시절 도모나가에게 도움을 받은 물리학자들 가운데에서 시대를 뛰어 넘어 노벨상 수상자도 배출되곤 하게 된다.

2008년 노벨 물리학상 공동 수상자와 사카타 쇼이치

일본계 미국인 난부 요이치로(南部陽一郎)가 노벨상을 받은 것은 2008년의 일이지만, 그가 물리학자로 발을 내딛기 시작한 것은 바로 유카와와 도모나가가 활약하던 시기였다. 난부는 고등학교 시절, 저명한 물리학자로 떠오르고 있던 유카와의 이름에 자극을 받아 물리학에 관심을 가졌고, 도모나가로부터 영향을 받으면서 연구자로서 성장해 갈 수 있었다. 1921년에 도쿄에서 태어난 난부는 1940년에 도쿄 제국대학에 입학했으나, 당시 도쿄 제국대학에는 소립자 물리학을 배울 수 있는 여건이 제대로 갖춰져 있지 않았다. 그러나 다행히도 도쿄에 있던 이화학연구소에는 니시나 및 도모나가가 근무하고 있었고, 전쟁이 끝난 후 난부가 육군 기술연구소로부터 도쿄 대학으로 돌아왔을 때에는 도모나가가 객원교수로서 강단에 서 있었다. 이후 1949년에 오사카 시립대학에 부임한 난부는 3년 후 미국 프린스턴 고등연구소로 자리를 옮겼는데, 이 배경에는 도모나가의 추천이 있었다. 이렇듯 젊은 시절의 난부에게 도모나가는 스승이자 은인이었다고 할 수 있다.

한편으로, 난부는 자신의 연구가 '사카타 학파'의 영향을 받았다고 이야기하기도 하는데, 여기서 사카타란 앞에서 살펴본 바와 같이 유카와의 중간자 이론을 수정하여 문제점을 해결하는 데 기여한 사카타 쇼이치를 뜻한다. 사실은, 이 사카타야말로 2008년도 노벨 물리학상을 공동으로 수상한 난부, 마스카와, 그리고 고바야시 세 사람을 잇는 연결고리였다. 마스카와와 고바야시 는 사카타의 제자였던 것이다.

마스카와 도시히데

사카타는 1942년에 나고야 제국 대학에 부임하여 새로이 소립자 물 리학 그룹을 형성했고, 이후 나고야 는 또 하나의 소립자 물리학 연구 거 점으로 발전해 갔다. 그리고 마스카 와 도시히데(益川敏英)와 고바야시 마코토(小林誠)가 물리학자 로서의 인생을 시작한 것은 이렇듯 그들의 고향에 형성되어 있 던 물리학 연구 그룹의 일원으로서였다. 1940년에 태어난 마스 카와는 어린 시절, 사카타 쇼이치라는 유명한 물리학자가 나고 야에서 연구를 하고 있다는 이야기를 들었는데, 그때까지 "과 학이란 19세기까지 유럽에서 완성된 것이며, 우리는 단지 그것 을 배우고 있을 뿐"이라고 생각하고 있었던 그에게 "과학이 현 재 나고야에서 만들어지고 있다는 사실"은 일종의 충격이었다 고 한다. 한편, 1944년에 태어난 고바야시도 나고야 대학에 입 학한 후 당시 이름이 널리 알려져 있던 사카타 연구실의 문을 두드렸다. 마스카와와 고바야시가 사카타 연구실에서 만난 것 은 1967년의 일로, 이때 마스카와는 조수로 부임하여 연구자 로서의 첫발을 내딛고 있었고 고바야시는 대학원에 입학하여 갓 사카타의 제자가 된 상태였다. 1970년에 마스카와는 교토 대학 조수로 자리를 옮겼지만, 2년 후에 박사 학위를 받은 고바야시도 교토 대학에 조수로 부임하여 그들은 다시금 같은 곳에서 함께 연구를 하게 되었다. 나고야 대학 출신의 교원들이 교토에서 유카와와 도모나가의 후배들을 가르친다는 것은, 그만큼 나고야 대학 물리학 연구실의 실력이 인정받고 있었다는 사실을 알려 주는 하나의 지표라고도 할 수 있겠다.

마스카와와 고바야시의 연구는, 난부와 '대칭성의 깨짐'이라는 키워드를 공유하고 있었다. 난부는 1959년경에 '대칭성의 자발적 깨짐'이라는 개념을 제시했는데, 여기서 '대칭성'이란 모든 방향이 대등한 자격을 지닌다는 것, 바꿔 말하면 특정한 방향이 다른 방향에 대해 우월하지 않다는 것을 의미한다. 그런데 난부는 소립자가 어느 방향으로도 움직일 수 있는 무한의 가능성, 즉 '대칭성'이 어느 순간 자발적으로 깨지면서 결국은 특정의 한 방향을 선택하는 현상이 발생할 수 있다고 생각했고, 이를 통해 원래는 질량을 지니지 않았던 소립자가 특정한 질량을 지니게 된 기원을 설명할 수 있다고 보았다.

한편 고바야시와 마스카와가 노벨상을 수상하는 연구는 입자와 반입자(보통의 입자와 질량은 같으나 전하의 부호가 반대인 입자)의 성질 사이에 대칭성이 깨져 있다는 사실을 이론적으로 설명하기 위한 것이었다. 1960년대에 접어들면서 입자와 반입자 사이의 대칭성, 즉 전하의 부호를 제외하고는 같은 성질을 지니고 있을 것이라는 전제가 실험 결과와 일치하지 않는다는 문제점이 제기되었고, 마스카와와 고바야시는 이러한 현상을 이론적으로 설명하기 위한 연구를 진행했다. 이 문제를 해결하고자 하는 과정에서 마스카와는 이론에 복소수를 도입했는데, 그 결론은 소립자를 구성하는 기본 입자인 쿼크(quark)가 여섯 종류 존재하리라는 것이었다. 단, 그들이 이러한 예언을 발표한 1972~1973년 당시까지 발견된 쿼크는 세 종류밖에 존재하지 않았던 탓에, 그들의 이론이 인정받기까지는 오랜 기간을 필요로 했다. 그러나 이후 30년 가까운 시간이 흘러 그들의 이론이 타당하리라는 실험 결과를 얻을 수 있었고, 이러한 성과를 바탕으로 고바야시와 마스카와는 2008년에 그들이 존경해 마지 않던 난부와 공동으로 노벨 물리학상을 수상하게 된다.

평화, 민주주의, 그리고 물리학

2008년도 노벨 물리학상 수상 소식이 전해진 직후 마스카와는 스스로의 연구 방법론으로서 '변증법적 유물론'이 중요한 역할을 했다고 이야기한 바 있는데, 이는 스승인 사카타의 영향이 이론 물리학 연구에 한정된 것은 아니었다는 사실을 시사하고 있다. 나고야 대학의 사카타 연구실은 1946년에 '학문의 자유와 평등'을 내건 '물리학 교실 헌장'을 제정한 것으로 알려져 있는데, 이는 "연구의 주체는 교실 회의를 구성하는 연구원으로, 대학원생급 이상의 연구원은 모두 대등한 자격을 지닌다."라는 내용을 담은 것이었다. 마스카와가 과학자로서 첫발을 내딛은 것은 이렇듯 진보적인 분위기를 지닌 사카타 연구실에서였고, 그는 현재도 '평화와 민주주의'를 지키기 위한 운동에 적극적으로 참여하고 있다.

　실은, 제국 일본이 패망한 이후 민주화의 움직임 속에서 물리학자로서 사회 활동에 참가한 것은 사카타 뿐만이 아니었다. 유일하게 원자폭탄이 투하된 일본의, 원자폭탄이 무엇인지를 이해하는 물리학자가 침묵을 지키기란 쉽지 않을 것이기 때문이다. 특히 1949년에 노벨상을 수상하여 사회적인 지명도가 높아진 유카와의 영향력은 작지 않았다. 그는 철학자 러셀(Bertrand Russel, 1872~1970)과 물리학자 아인슈타인이 중심이 되어 평화를 호소한 '러셀-아인슈타인 선언'에 서명한 열한 명 중 한 명이었고, 1957년에 세계의 과학자들이 모여 핵군축을 주장한 '퍼그워시(Pugwash) 회의'에도 참가했다. 유카와는 1962년에 도모나가, 사카타 등과 함께 핵무기의 근절을 희망하는 '교토 과학자 회의'를 열기도 했다. 한편 도모나가는 '원자력 이용 3원칙'에 대한 과학계의 의견 집약에 힘을 쏟기도 했다. 여기서 '3원칙'이란, 원자력의 이용에 관해서는 국민의 뜻에 따라야 한다는 '민주', 원자력 개발이 외국에 의해 강제되어서는 안 된다는 '자주', 그리고 원자력 개발에 대해서 비밀이 있어서는 안 된다는 '공개'의 원칙을 말한다. 1974년도 노벨 평화상은 수상 재임 당시 핵무기에 대해 "만들지도, 보유하지도, 반입을 허용하지도 않는다."라는 이른바 '비핵 3원칙'을 천명한 사토에이사쿠(佐藤栄作, 1901~1975)에게 돌아갔는데, 이 배경에는 일본 물리학자들의 노력이 숨어 있다고도 할 수 있겠다.

　물리학자들이 이러한 활동을 펼친 것은 자신들의 연구가 막

대한 영향력을 지니고 있다는 사실을 자각하고 있었기 때문이다. 도모나가는 1948년에 다음과 같이 이야기했다.

> 일단 원자폭탄이 폭발하게 되자, 과학자는 실험실 안에서 시험관만 바라보고 있을 수는 없게 되었고, 일반 시민도 원자라는 것이 과학자의 관념의 산물에 불과하다고 경원할 수는 없게 되었다. 이렇듯 과학과 그 외의 다양한 문화 분야, 그리고 과학자와 일반 시민의 상호작용은 더욱 커지게 되는 것이며, 서로가 상대방을 남으로 여길 수는 없게 되어 가는 것이다.

이러한 책임 의식과 그다지 멀지 않은 곳에는, 일본의 물리학자들도 제2차 세계대전 중 핵무기 개발 계획에 이름을 올렸던 역사가 존재한다. 1930년대의 끝 무렵에 독일에서 우라늄의 핵분열 현상이 발견된 이후 일본 군부에도 핵무기의 가능성에 주목한 사람들이 존재했고, 육군은 이화학연구소의 니시나 요시오에게, 해군은 교토 제국대학의 아라카쓰 분사쿠(荒勝文策, 1890~1973)에게 연구를 의뢰했다. 과학자들은 이른바 '상아탑' 안에만 갇혀 있는 존재는 아니었던 것이다.

스승과 제자로 이어지는 과학의 끈

이 장에 등장한 물리학자들은, 그들이 노벨상을 수상했건

그렇지 않건 간에 꼬리에 꼬리를 물고 이어져 있다. 나가오카는 유카와를 노벨상 후보로 추천했고, 니시나는 유카와와 도모나가를 지도했다. 유카와 및 도모나가로부터 영향을 받아 물리학자로 성장한 난부는 마스카와와 고바야시에게 영향을 끼쳤고, 유카와의 중간자론에 기여한 사카타는 마스카와와 고바야시의 스승이었다. 이 계보에서 나가오카, 니시나, 그리고 사카타는 노벨상을 수상한 사실이 없지만, 그렇다고 해서 이들의 역할이 중요하지 않았다고는 하기 힘들 것이다. 노벨상 수상자가 몇 명 나왔는가를 헤아리는 것만으로는 결코 과학 연구 전통의 성장을 제대로 이해할 수 없는 것이다.

이 장에서 살펴본 바와 같이, 일본에서는 유카와 히데키라는 노벨상 수상자를 배출하기 이전에 이미 여러 곳에 소립자 물리학 연구 집단이 형성되어 있었다. 도쿄에는 니시나와 도모나가를 중심으로 연구 그룹이 존재하고 있었고, 오사카 및 교토 지역에서도 유카와를 비롯한 물리학자들이 연구 활동을 하고 있었다. 그리고 사카타를 중심으로 나고야에도 소립자 물리학을 연구하는 집단이 형성되어 가고 있었다. 일본의 소립자 물리학 분야가 다수의 노벨상 수상자를 배출해 온 배경에는, 이렇듯 이 분야가 폭넓고 뿌리 깊게 전통을 쌓아 온 역사가 자리 잡고 있는 것이다. 한편으로 이러한 전통은 이론 물리학 연구라는 추상적인 영역에 국한된 것은 아니었으며, 과학자의 사회적 책임에 대한 자각도 유카와, 도모나가, 사카타로부터 마스카와에게로 이어져 갔다.

과학사학자 오카모토 다쿠지는 소립자 물리학이야말로 과학의 여러 분야 중에서 일본 과학자들의 공헌이 가장 눈에 띄는 분야가 아닐까 하는 의견을 내놓은 바 있다. 이는 뒤집어 말하면 일본의 소립자 물리학 분야가 일찍부터 자립적인 연구 전통을 확립했다는 것을 의미한다고도 할 수 있다. 노벨상 수상식에 참석하기까지 여권조차 지니고 있지 않았던 마스카와의 경우는 그 상징적인 예일 것이다. 그러나 다른 한편으로 난부가 미국으로 건너가 시민권까지 취득했다는 사실은, 일본 사회가 제공할 수 있었던 연구 환경이 시대나 분야에 따라서 때로는 불완전하거나 불편한 것이었을 수도 있다는 점을 암시한다. 다음 장에서는, 과학자들에게 국경이란 무엇을 의미하는가를 염두에 두면서 노벨상 수상자들의 연구 인생에 대해 살펴보기로 하자.

과학자와 국경

　2008년도에 노벨상을 수상한 일본인 과학자는 몇 명인가? 국적을 기준으로 한다면 물리학상을 수상한 마스카와 도시히데와 고바야시 마코토, 그리고 화학상을 수상한 시모무라 오사무를 합쳐 세 명이 정답이라고 하겠다. 그리고 이를 기준으로 이야기한다면 2008년도까지 과학 분야 노벨상을 수상한 일본인은 열세 명이 아니라 열두 명이 된다. 그러나 일본계 미국인 난부 요이치로는 일본에서 태어나 일본에서 과학자로서의 훈련을 받았고, 미국으로 떠나기 전에 이미 일본의 한 대학에서 교편을 잡은 경험까지 있었다. 그렇다면, 역시 난부도 '일본인' 노벨상 수상자로 포함시켜야만 할 것인가?

　사실 이러한 논의는, 노벨상 수상자의 국적을 헤아려야만 하는 집착에서만 해방된다면 그다지 큰 의미를 지니지 않는다. 그리고 이러한 집착은 어떤 의미에서 노벨상의 정신을 훼손하는 것이기까지 할 수 있다. 노벨 재단은 "후보자의 국적을 묻지 않는다."라는 원칙을 세우고 있으며, 노벨상은 올림픽이나 월드컵처럼 국가를 대표하는 누군가에게 부여하는 상이 아니기 때문이다. 전 세계를 옮겨 다니며 활약하는 일이 적지 않은 과학자들에게, '국경'이란 과연 무엇일까?

1888년, 그의 이름을 딴 파스퇴르 연구소 개소식에서 루이 파스퇴르(Louis Pasteur, 1822~1895)는 "과학에는 국경이 없지만 과학자에게는 조국이 있다."라고 이야기했는데, 곰곰이 생각해 보면 이 발언에 대해서는 두 측면에서 꼬집어 볼 수 있다.

우선 과학에는 국경이 존재한다고 주장할 수 있다. 이는 물론 '질량 보존의 법칙'이 라부아지에의 조국인 프랑스에서만 성립한다는 이야기도, 부산에서 보는 북극성과 일본의 오사카에서 보는 북극성이 다른 별이라는 이야기도 아니다. 잘 확립된 보편적인 지식은 쉽게 국경을 뛰어넘는다. 그러나 과학을 활동이라는 측면에서 살펴보면 여기에는 국경이 각인되어 있는 경우도 적지 않다. 인류의 발길이 달에까지 닿은 배경에는 최초로 인공위성 발사에 성공한 소련에 대한 미국의 경쟁의식이 자리 잡고 있었고, 많은 한국인이 '줄기세포'라는 전문용어를 알게 된 배경에도 국가 정책이 자리 잡고 있다. 과학에 대해 '국가 정책'이 존재한다는 것이야말로 과학 활동 사이에는 국경이 가로지르고 있다는 사실을 잘 보여 주는 것이 아닐지.

다른 한편으로, 과학자들은 각 분야별로 자신들만의 언어를 구축하고 있는 경우가 적지 않다. 이러한 까닭에 서울에 사는 어느 물리학자의 입장에서 이웃집에 사는 변호사보다 미국 학회에서 만난 인도 출신 물리학자와 이야기가 잘 통하는 상황을 상상하는 것도 그다지 어렵지 않다. 이러한 공통의 국제 언어를 배경으로, 보다 좋은 연구 환경을 찾아서 과학자들은 빈번하게 국경을 넘나든다. 그리고 과학자들에 대한 평가 기준도 각 분야에 따라, 국제적으로 존재한다. 대전에서 연구를 하고 있는 분자생물학자의 연구 성과를 평가하는 것은 같은 대학에 근무하는 기계공학자라기보다는 전 세계의 분자생물학자들이다. 과학자에 대한 평가에 국적이나 인종이라는 기준이 개입하는 것을 긍정적으로 생각하는 독자는 많지 않으리라.

고시바 마사토시: 과학과 정치 사이에서

일본인으로서는 최초로 노벨상을 수상한 유카와 히데키는 유학을 떠나지 않고 일본에서 연구를 계속한 '토종' 과학자였지만, 1949년에 그가 노벨상 수상 소식을 들은 것은 미국에서였다. 제2차 세계대전이 끝난 후 냉전 체제 속에서 미국과 소련은 자국의 위신을 걸고 과학 연구 경쟁을 벌였고, 소립자 물리학은 이러한 정치 환경 속에서 급속히 발전해 나갔다. 2002년도에 노벨 물리학상을 수상한 고시바 마사토시(小柴昌俊)의 연구 인생은, 한편으로는 유카와 및 도모나가로부터 이어지는 일본 소립자 물리학의 전통 속에 자리 잡고 있었던 동시에, 다른 한편으로는 냉전 체제 속의 양대 세력이었던 미국과 소련을 넘나들면서 연구 활동을 펼쳐 나간 모습을 보여 준다.

1926년에 아이치(愛知)현에서 출생한 고시바는 어린 시절 소아마비의 영향으로 오른손이 불편했고, 그러한 까닭에 작곡가가 되려는 꿈은 접을 수밖에 없었다. 이러한 그에게 물리학이라는 길을 알려 준 것은 다름 아닌 도모나가 신이치로였다. 고시바는 고등학교 시절의 교장인 철학자 아마노 데이유(天野貞祐)의 소개로 도모나가를 찾아갔는데, 아마노 교장은 도모나가 신이치로의 아버지인 도모나가 산주로(朝永三十郎)의 제자였다. 고시바는 1951년에 도쿄 대학 물리학과를 졸업한 후, 후지산 정상에 올라가 우주선 관측을 행하는 등 물리학 연구에 첫발을 내딛었다.

한편 고시바에게는 그보다 6년 늦게 노벨상을 수상하는 또한 명의 스승이 있었다. 2008년도에 노벨상 물리학상을 수상하는 난부 요이치로는 당시 오사카 시립대학에서 교편을 잡고 있었는데, 고시바는 오사카에서 3개월간 난부 밑에서 연구를 했다. 이후 난부는 미국으로 떠났지만, 그들은 미국에서 다시 만난다. 난부는 고시바에게 연구의 등대 같은 존재였을지도 모른다. 연구 방향에 대한 감은 잡혀도 그 방향이 옳은지에 대해 확실한 근거가 없었을 경우 고시바는 곧잘 난부에게 팩시밀리로 질문을 하곤 했고, 그러면 난부로부터 간명한 답장이 돌아오곤 했다는 것이다. 난부보다 6년 먼저 상을 받은 고시바의 입

난부 요이치로

장에서, 그리고 난부와 노벨상을 동시에 수상한 고바야시나 마스카와의 입장에서도, 난부의 2008년도 노벨상 수상은 너무나도 뒤늦은 것으로 느껴졌을 것이다.

한편 고시바의 도모나가와의 인연은 고등학생 시절로 끝난 것이 아니었다. 고시바가 미국 로체스터 대학으로 유학을 떠날 것을 결정했을 때, 추천서를 써 준 것이 바로 도모나가였던 것이다. 고시바는 1953년에 미국으로 유학을 떠나 1955년에 물리학 박사 학위를 받았고, 이후 3년간 시카고 대학에서 연구원으로 근무한 후 1958년에 귀국하여 모교인 도쿄 대학 원자핵 연구소에 조교수로 부임했다.

그러나 금의환향한 고시바는 다시금 미국으로 건너갔다. 그는 1960년에 시카고로 자리를 옮겨 국제 공동 우주선 및 고에너지 물리학 연구소장이라는 직함의 프로젝트 책임자로 부임했고, 커다란 원자핵 건판(nuclear emulsion plate)을 실은 거대한 기구를 항공모함으로부터 띄워 올리는 등 대규모의 연구 프로젝트를 담당했다. 항공모함과 거대과학(big science) 사이에서 냉전 시기 과학의 한 측면이 엿보인다.

다른 한편으로, 고시바는 냉전 시기 미국의 적대국이었던 소련도 방문했다. 1963년에 일본으로 귀국하여 도쿄 대학에서 연구를 계속하던 고시바는 1968년에 소련의 수도 모스크바에서 열린 국제 학회에 참가했는데, 여기서 소련 과학자로부터 전자와 양전자의 충돌 실험을 공동으로 하는 것이 어떻겠느냐는 제안을 받았다. 고시바의 회상에 따르면, 소련과의 공동 연구에 대해서는 정치적인 이유로 반대한 물리학자가 있었던 반면 정치를 넘어서 과학 연구에서 협력하는 것에 대한 긍정적인 반응도 있었다고 한다. 과학은 정치적 대립을 초월해야 한다는 이상, 그리고 과학이 정치로부터 완전히 독립하기란 쉽지 않다는 현실 사이의 괴리가 엿보이는 장면이라고도 할 수 있겠다.

거대한 관측 시설을 필요로 하는 연구는 막대한 연구비를 필요로 하는 경우가 적지 않으며, 이러한 사실이 지닌 정치적 의미에 대해서는 고시바 자신도 명확히 인식하고 있었다. 그는 실패할 가능성을 배제할 수 없는 연구에 국민으로부터의 막대한 세금을 사용해도 되는지에 대해 신중한 입장을 보이면서, 미국의 초전도 초대형 입자가속기(SSC: Superconducting Super Collider) 계획과 관련하여 일본이 자금 협력하는 것에 대해 반대한 바 있었다. 실제로 이 계획은 1993년에 미국 의회의 반대로 인해 무산되고 말았다. 고시바는 또한 2000년에도 한 신문에 국제 열핵융합 실험로 유치에 반대하는 논설을 실은 바 있는데, 이 계획은 건설비만 5,000억 엔에 유지 비용도 막대한 금액을 필요로 하는 것이었다.

한편 고시바의 연구가 성공한 데에는 본인 스스로가 '행운'이라고 표현한 바와 같이 우연적인 요소가 작용했다. 기후(岐阜)

현 가미오카(神岡) 광산에 설치한 관측 시설 '가미오칸데'는 지하 1,000미터의 폐광에 5,000톤의 물을 채워 입자를 검출하는 거대 장치로, 원래는 양성자가 중성자로 붕괴하는 것을 검출하는 것이 목적이었다고 한다. 그런데 결국 이 시설이 1987년 2월 23일에 세계 최초로 초신성 뉴트리노(중성미자: 약한 상호작용만을 하며 질량이 매우 작은 기본 입자)를 관측했고, 이로 인해 고시바는 노벨상에 다가갈 수 있었다. 태양으로부터 지구에는 엄청나게 많은 수의 뉴트리노가 쏟아지고 있으나, 뉴트리노는 물질과 거의 반응하지 않는 탓에 이를 검출하기란 무척 어려운 일이었다. 그런데 가미오칸데는 물속에 들어온 뉴트리노가 물분자 안의 수소 원자핵과 충돌하여 발생한 빛을 검출하는 데 성공했고, 아울러 동일한 결과가 미국 IBM 실험실에서도 얻어짐으로써 그 관측 결과에 대한 신뢰성도 확보될 수 있었다. 고시바는 "가미오칸데로부터 얻어진 결과밖에 없었다면 이에 대해 의심을 품는 사람도 있었을지 모른다."라고 이야기한 바 있는데, 자연이 스스로 제 모습을 드러내는 것을 기다릴 수밖에 없는 관측 연구의 경우, 드물게 나타나는 현상을 반복적으로 확인하는 것은 쉽지 않은 일이다.

에사키 레오나: 보다 좋은 연구 환경을 찾아서

고시바는 이론보다는 관측을 중심으로 연구를 한 과학자였으나, 그의 연구 인생은 앞 장에서 살펴본 유카와 및 도모나가의 세대, 그리고 난부로 이어지는 전통 속에 자리 잡고 있었다. 한편, 고시바보다 조금 먼저 태어나 몇 년 일찍 대학을 졸업한 에사키 레오나(江崎玲於奈)는, 이 전통과 멀지 않은 곳에 있었음에도 불구하고 소립자 물리학 연구자가 되고자 하는 희망을 이루지는 못했다.

1925년에 오사카에서 출생한 에사키는 1944년에 도쿄 제국대학에 입학했다. 대학에서는 사가네 료키치(嵯峨根遼吉, 1905 ~1969)의 지도를 받을 수 있었는데, 사가네는 나가오카 한타로의 다섯째 아들이자 니시나 요시오와 함께 이화학연구소에서 원형 가속기(사이클로트론)의 제작 및 운영에 참가한 인물이었다. 에사키는 일본 소립자 물리학의 전통을 대표하는 과학자 중 한 사람인 사가네 교수 밑에서 고에너지 물리학을 전공하고 싶었으나, 시대 상황이 그의 꿈을 가로막았다. 패전국 일본을 점령한 연합군 사령부는, 니시나의 연구팀이 제작하여 사용하고 있던 사이클로트론이 원자폭탄 개발과 관련되어 있지 않은가 하는 의혹 속에 이를 파괴하여 바다에 던져 버렸던 것이다. 1945년 11월의 일이었다. 이후 1947년에 도쿄 대학 물리학과를 졸업한 에사키는 민간기업인 고베(神戸) 제강에 입사했고, 9년 후인 1956년에는 소니의 전신인 도쿄 통신공업회사로 자리를 옮겼다.

도쿄 통신공업회사에서 에사키가 연구에 몰두한 것은 반도체였다. 반도체에 불순물로 다른 원소를 집어넣으면 그 전기적 특성이 바뀌곤 하는데, 당시에는 불순물을 지나치게 많이 집어넣은 탓에 기술적인 문제들이 발생하는 경우도 적지 않았다. 이러한 문제와 관련하여 연구를 진행하던 가운데, 에사키 연구 팀은 불순물이 다량으로 포함된 다이오드에서 특이한 현상을 발견했다. 전압을 높이면 전류가 증대해야 하는데, 반대로 전류가 줄어들었던 것이다. 에사키는 언뜻 보기에 기묘한 이 현상이 이론적으로 예상된 '터널링 현상'이라고 판단했고, 이러한 성질에 기반을 둔 '에사키 터널 다이오드'를 제작했다. 이 현상이 이론적으로는 이미 예측되고 있었다고는 하나 반도체에서 실제로 관측된 것은 이것이 처음이었다. 그리고 이 업적이 1973년도 노벨 물리학상 수상으로 이어지게 된다.

그러나 이러한 업적에 대해 처음에는 주변에서 그다지 큰 반향이 없었고, 영어로 논문을 발표하고 나서야 비로소 주목받기 시작했다고 한다. 에사키는 일본의 연구 환경에 실망한 채 1960년에 미국으로 건너갔고, 그가 일본으로 귀국하는 것은 그로부터 30년 이상 지난 후의 일이었다.

에사키는 1992년에 쓰쿠바(筑波) 대학 총장으로 부임하여 대학 시스템의 변화를 추진했고, 그 이후에도 일본의 교육 정책과 관련하여 적극적으로 발언해 왔다. 그런데 여기서 주의할 것은, 에사키는 노벨상을 수상할 정도로 뛰어난 과학자이기는 하나 교육 정책의 전문가는 아니라는 사실이다. 성공한 사람들의 경험담은 겸허하게 경청하되 개인적인 경험을 성급하게 일반화하지는 않는 지혜가 필요하다고 하겠다.

후쿠이 겐이치: 교토에서 한평생을 보낸 화학자

　미국에서 연구 인생의 중요한 시기를 보낸 에사키와는 대조적으로, 1981년에 일본 최초로 노벨 화학상을 수상한 후쿠이 겐이치(福井謙一, 1918~1998)는 줄곧 일본에서, 그것도 주로 교토 대학에서 과학자로서의 한평생을 보냈다.

　1918년에 나라(奈良)현에서 출생한 후쿠이는 당시 5년제이던 중학교를 4년 만에 졸업하여 1935년에 오사카 고등학교에 입학했다. 한편 대학 진학을 앞두고 그는 교토 제국대학 공업화학과에 재직 중이던 기타 겐이쓰(喜多源逸)로부터 당시의 상식과는 다소 어긋난, "수학을 좋아하면 화학을 공부하라."는 조언을 듣고, 후쿠이는 대학에서 화학을 전공했다. 그러나 실제로 교토 제국대학 공업화학과에 들어간 후쿠이에게 응용 연구를 위주로 하던 당시의 화학은 불만이었다. 그는 왜 '수리 물리'는 있는데 '수리 화학'은 없는가 하는 의문도 품었다고 한다. 이러한 불만과 의문 속에서 후쿠이는 기초 물리학이나 양자 역학 등을 공부했고, 결국 이러한 공부가 이후 그의 연구 성과에 영향을 끼쳤다.

　그러나 1930년대 말, 전선을 확대해 가고 있던 일본 제국에게 과학이란 전쟁을 효과적으로 수행하기 위한 도구 중 하나였다. 교토 제국대학에는 1939년에 '연료화학과'가 생겼고, 1941년에 공업화학과를 졸업한 후쿠이는 새로 생긴 연료화학과 대학원에 진학했다. 한편 그가 대학원에 진학한 1941년에 일본

후쿠이가 계산했던 종이

후쿠이가 애용한 사전

은 태평양전쟁을 일으켰고, 후쿠이는 단기 현역 장교로서 일본 육군 연료연구소에 근무하면서 항공기 연료의 개량에 대한 업적을 인정받아 포상도 받았다. 그는 전쟁 중이던 1943년 3월에 모교인 교토 제국대학 연료화학과에 강사로 부임했고, 1945년 3월에는 조교수로 승진했다.

후쿠이가 화학 반응에 대한 이론적 연구를 시작한 것은 전쟁이 끝난 이후인 1950년경부터였다. 그의 목표는 양자역학을 이용하여 화학 반응을 설명하는 데 있었다.

이미 이 시기의 화학 이론에서는 화학 반응과 관련하여 전자 분포의 중요성에 주목하고 있었으나, 실험 결과와 일치하지 않는 사례가 나타나는 등 과제도 남아 있었다. 탄화수소와 관련하여 화학 반응이 잘 일어나는 조건을 탐구해 가던 후쿠이는, 분자의 화학 반응에는 모든 전자가 평균적으로 관여하는 것이 아니라 가장 바깥쪽 궤도에 있는 전자가 영향을 끼친다고 생각하기에 이르렀고, 그는 여기에 분자의 경계에 존재한다는 의미로 '프런티어 궤도'라는 이름을 붙였다.

그런데 양자역학에 기반을 두고 화학 반응을 설명한 후쿠이의 이론이 1952년에 발표되었을 때 처음에는 비판적인 반응이 많았으며, 수학적으로 난해한 탓에 화학자들의 주목을 끌지도 못했다고 한다. 한편 1965년에는 호프만(Roald Hoffmann) 등에 의해 후쿠이와 비슷한 결론이 도출되었는데, 이 이론은 화학자의 언어로 쓰인 것이었던 덕택에 화학자들 사이에 널리 알려졌다. 그리고 결국 1981년에 후쿠이는 호프만과 공동으로 노벨 화학상을 수상했다.

후쿠이는 1938년에 입학하여 1980년대에 정년퇴직할 때까지 반세기에 가까운 기간 동안 교토 대학에서 연구 인생을 보냈다. 이러한 예를 생각하면, 반드시 여러 연구 기관을 옮겨 다녀야만 좋은 성과가 나올 수 있는 것은 아니라고도 하겠다. 그러나 후쿠이의 연구가 교토 대학, 혹은 일본이라는 지역 안에 갇혀 있었던 것은 아니었다. 그는 연구 결과를 영어 논문으로 발표했고, 해외 과학자들과 학문적인 교류를 이어 나갔다.

시라카와 히데키: 실수가 큰 발견으로 이어지다

한편, 소립자 물리학의 전통이 물리학상 수상자의 계보를 만들었듯이 후쿠이의 전통도 노벨 화학상 수상자 배출의 한 흐름으로 연결되었다. 전기가 통하는 플라스틱을 발견한 업적을 인정받아 2000년도 노벨 화학상을 수상한 시라카와 히데키(白川英樹)는 후쿠이의 노벨상 수상을 기념해서 설립된 기초화학 연구소에 평의원으로 초빙된 바 있었고, 후쿠이와의 공동 연구를 통해 논문을 발표한 적도 있는 인물이었다. 또한 후쿠이의 제자가 시라카와 밑에서 강사 및 조교수를 역임하기도 하는 등 두 사람은 밀접한 교류관계를 지니고 있었다. 그러나 다른 한편으로, 교토 대학에서 순조롭게 엘리트 과학자로 성장한 후쿠이에 비해 시라카와는 대기만성형의 과학자였다고 할 수 있다. 그리고 노벨상으로 이어진 그의 연구 인생도 우연의 연속이었다.

1936년에 도쿄에서 태어난 시라카와는, 아버지가 육군 군의관이었던 관계로 당시 일본 제국의 식민지였던 타이완이나 구만주(현재 중국의 둥베이 지방)에서 어린 시절을 보냈다. 스스로에 대해 "유치원에서 대학에 이르기까지 특별히 수재였던 것은 아니었다."라고 평한 시라카와가 화학에 관심을 지니게 된 것은 플라스틱을 접하면서였다. 미국 듀폰(Du Pont)사가 나일론을 개발한 이래, 인공 섬유와 플라스틱에 대한 관심이 증폭했고 이와 관련된 학문인 고분자 화학도 각광을 받았다. 이러한 시대 분위기 속에서 시라카와는 화학의 길로 접어들었다.

1961년에 도쿄 공업대학 화학공학과를 졸업한 시라카와는 대학원에 진학했다. 1881년에 '도쿄 직공학교'라는 이름으로 개교하여 1929년에 대학으로 승격된 도쿄 공업대학은 수많은 기술자와 과학자를 배출해 온 명문 대학이며, 1966년에 박사 학위를 받은 시라카와는 모교에 조수로 부임했다.

시라카와 본인이 강조하고 있듯이, 그가 금속 광택을 지닌 폴리아세틸렌을 발견한 데에는 우연이 작용했다. 1967년 가을, 한국 원자력연구소로부터 파견된 공동연구자와의 의사소통이 잘못된 탓에 밀리몰(millimole) 단위를 몰(mole) 단위로 실수했고, 그 결과 촉매가 1,000배나 더 들어갔다. 그러나 이러한 실수가 행운으로 작용했다. 그때까지는 합성을 했을 경우 가루 형태로밖에는 만들지 못했던 폴리아세틸렌이 광택을 지닌 필름으로 형성되었는데, 이는 폴리아세틸렌의 전기적 성질을 측정할 수 있게 되었다는 것을 의미했다. 대학 시절 본의 아니게 물성 연구실에 소속된 적이 있었던 시라카와는 이 새로운 물질의 전기적 성질을 조사하여 반도체 정도의 전도율을 지닌다는 사실을 밝힐 수 있었다.

그러나 이 성과가 바로 각광을 받은 것은 아니었고, 또 하나의 우연이 시라카와의 연구를 커다란 성공으로 이끌어 갔다. 이는 그와 노벨상을 공동으로 수상하게 되는 맥더미드(A. G. MacDiarmid)를 만난 것이 계기였다. 1975년에 교환 교수로 교토 대학에 체재 중이던 맥더미드는 세미나에서 강연을 하기 위해 도쿄 공업대학을 방문했는데, 여기서 우연히 시라카와의 연구를 알게 되어 관심을 가졌다. 이듬해인 1976년, 시라카와는 맥더미드의 초청으로 미국 펜실베이니아 대학 화학과에 박사 연구원으로 자리를 옮겼고, 여기서 물리학자인 히거(Alan J. Heeger)를 포함하여 세 명이서 공동 연구를 시작했다. 폴리아세틸렌에 브로민이나 아이오딘을 불순물로 집어넣으면 전기 전도도가 급증한다는 사실을 발견한 것은 이렇듯 화학자와 물리학자가 두 측면에서 공동으로 연구를 진행하던 과정에서였다. 불순물로 인해 화학 결합에 변화가 생겨 전기를 통하는 플라스틱이 형성되었던 것이다.

전기를 통하는 플라스틱은 1977년 봄에 뉴욕 과학 아카데미 주최의 반도체 국제 학회에서 시연된 것을 계기로 국제적으로 알려졌고, 일본에서도 이 연구가 주목받게 되었다. 1979년, 나이 마흔을 훌쩍 넘긴 시라카와는 쓰쿠바 대학 조교수로 부임했고, 일본 정부는 1981년에 전도성 고분자 연구 개발에 관한 국가 프로젝트를 출범시켰다. 시라카와 등이 개발한 전도성 플라스틱은 금속에 비해 가볍고 잘 녹슬지 않으며 가공하기 쉽다는 장점을 지니고 있는 덕택에 이미 휴대전화용 디스플레이나 태양 전지 등이 상품화되었으며, 여러 응용 가능성이 모색되고 있다고 한다.

노요리 료지: 명문가에서 성장한 엘리트 과학자

시라카와보다 2년 늦게 태어나 1년 늦게 노벨 화학상을 수상한 나고야 대학의 노요리 료지(野依良治)는 유복한 환경에서 성장한 엘리트 화학자라고 할 수 있다. 그는 1938년에 일본 간사이(關西) 지역(교토, 오사카, 고베를 중심으로 하는 일본 서부 지역)의 유명한 고급 주택가인 효고(兵庫)현 아시야(芦屋)시에서 출생했는데, 이 지역은 문화 및 경제적으로 일본 전국을 선도해 온 지역이었다. 그가 출생한 가정도 평범하다고는 하기 힘든 명문가였다. 그의 아버지는 대기업에서 화학 연구자로 활약하며 전무까지 지냈으며, 할아버지는 일본 중앙은행인 일본은행장, 외할아버지는 미쓰이 생명보험 회장을 역임한 인물이었다. 게다가 노요리가 태어나기 전에 그의 부모는 유카와 히데키와 만난 경험을 지니고 있었다. 1939년에 노요리의 아버지와 어머니는 유럽으로 향하는 배 안에서 유카와를 알게 되었고, 그들은 같은 배 안에서 1개월간을 함께 보냈다. 이러한 가정에서 성장한 노요리는 전국적으로 최고 명문 중 하나인 나다(灘) 중학교 및 고등학교를 졸업했고, 1957년에는 교토 대학 공업화학과에 입학했다. 노요리가 화학에 관심을 두게 된 것도 이렇듯 유복한 동시에 과학과 친근한 환경이 관련되어 있었다. 중학생 시절 그는 아버지를 통해 나일론 신제품 발표회를 경험할 수 있었는데, 여기서 이 새로운 물질이 "공기와 물과 석탄으로 만들어진다."라는 이야기를 듣고 감명을 받았다고 한다.

교토 대학에서 화학을 공부한 노요리는 원래 기업에 입사할 것을 생각하고 있었으나 석사를 마칠 무렵 조수로 채용되었고, 1968년에는 나고야 대학에 조교수로 부임했다. 그리고 1969년에 하버드 대학에서 1년 정도 유기 합성 연구를 행한 후, 1972년에는 33세의 젊은 나이로 나고야 대학 화학과 정교수로 승진했다. 일본의 대학에서 30대의 나이에 정교수가 되는 것은 흔한 일이 아니다. 참고로 노요리보다 2년 먼저 태어난 시라카와가 조수로 부임한 것이 1966년, 정교수보다 한 직급 아래인 조교수가 되는 것은 1982년의 일이었다.

노요리 료지

　노요리가 노벨상을 받은 것은 아미노산의 비대칭 합성에 관한 연구를 통해서이다. 물질 중에는, 예컨대 왼손과 오른손의 관계와 같이, 서로 같은 모양을 한 것처럼 보이지만 실제로는 좌우가 뒤바뀐 입체 구조를 지닌 쌍이 존재하는 경우가 있는데, 이 입체 구조의 차이가 종종 화학적으로 중요한 의미를 지니곤 한다. 특히 생명체는 이 서로 닮은 쌍 중 한쪽만을 사용하는데, 예컨대 다시마 등의 맛을 내는 성분 글루탐산이나 진통제 혹은 향료 등으로 사용되는 멘톨도 그중 한쪽만이 효과를 지닌다. 심지어는 양쪽 사이의 화학적 성질의 차이가 생명체에 위험한 영향을 끼치는 경우도 있다. 1960년대 당시 훌륭한 진통제로 여겨졌던 탈리도마이드(Thalidomide)는 서로 닮은 쌍 중 한쪽만이 약효를 지니며, 반대로 다른 한쪽은 태아의 기형을 유발하는 부작용을 지니고 있었다.

　그런데 이러한 물질들을 실험실에서 합성하면 양쪽이 모두 절반씩 산출되어 버린다는 것이 문제였다. 즉, 인공적으로 이러한 물질들을 만들었을 경우 그중 절반은 효과가 없거나 심지어는 위험하기까지 했다. 이러한 까닭에, 유효한 부분만을 선택적으로 만들어 내는 것은 생명체에만 부여된 능력이라고까지 여겨지기도 했다.

노요리 등이 이룬 업적은, 금속 화합물을 촉매로 하여 유효한 쪽만을 선택적으로 합성하는 기법을 개발한 데 있었다. 즉, 그때까지는 생명체가 만들어 낸 천연물에 의존할 수밖에 없었던 물질을 인공적으로 만들어 낼 수 있게 됨으로써, 인간에게 유용한 물질을 저렴하고 안전하며 효율적으로 생산할 수 있었게 된 것이다.

도네가와 스스무: 국경을 넘어야만 가능했던 분자생물학자의 길

한편 노요리보다 1년 늦게 태어나 노요리와 같은 교토 대학에서 화학을 배우고 노요리보다 14년 빨리 노벨상을 수상한 도네가와 스스무(利根川進)의 연구 인생은 결코 순탄한 것이 아니었다. 젊은 나이에 일본의 명문 대학에서 조수, 조교수, 교수로 안정된 신분을 지니고 있던 노요리와는 달리, 도네가와는 신분이 불안정한 상황 속에서 어려움을 겪어 가며 과학자로 성장해 갔던 것이다.

1939년에 일본 아이치(愛知)현에서 출생한 도네가와는, 명문 히비야(日比谷) 고등학교에 재학하던 당시 그다지 눈에 띄는 존재는 아니었다고 한다. 그는 1년 재수한 끝에 교토 대학 화학과에 입학했다.

도네가와의 인생이 크게 바뀌는 것은 대학 4학년에 올라갈 때였다. 대학을 졸업하기 위해서는 졸업논문을 써내야 했는데, 도네가와는 화학과 같이 오랜 역사를 지닌 분야에서 무언가 새로운 것을 발견하는 것이란 쉽지 않은 일이라고 느끼고 있었다. 이렇듯 고민하고 있던 그에게, 한 선배가 들려준 분자생물학이라는 새로운 분야의 이야기는 무척 흥미로운 것이었다.

문제는 분자생물학이 너무나도 새로운 분야라는 데 있었다. 당시의 교토 대학에 분자생물학 강좌는 개설되지 않았고, 어쩔 수 없이 도네가와는 일단 생화학 강좌¹⁾에 들어갔다. 그러나 이미 도네가와는 생화학에는 관심이 없었고, 그 대신 발생학이나 유전학 강의를 들었다. 1963년에 교토 대학 화학과를 졸업한 도네가와의 희망은 분자생물학 연구자가 되는 것이었으나, 당시의 일본에서 분자생물학을 배우기란 결코 쉬운 일이 아니었다. 여러 모로 고민한 끝에 교토 대학 바이러스 연구소에 대학원생으로 진학한 그에게, 지도 교수는 "분자생물학을 연구하려면 미국에 가야 하네."라고 조언했다.

그런데 미국으로 유학을 떠나기 위해서는 우선 경제적인 문제를 해결해야만 했다. 그러나 도네가와의 입장에서 예일 대학이나 하버드 대학, 혹은 캘리포니아 대학 버클리 캠퍼스 등으로부터 장학금을 받기는 기대하기 힘든 상황이었다. 이러한 문제로 고민하고 있던 도네가와에게, 우연히 캘리포니아 대학 샌디에이고 캠퍼스로부터 수업료 면제 및 생활비 지급 조건이 제공되었고, 그는 분자생물학 연구자가 되기 위한 꿈을 안고 미국으로 유학을 떠날 수 있었다.

그러나 샌디에이고에서 바이러스에 관한 연구를 통하여 박사 학위를 받은 도네가와의 앞길은 그다지 밝게 보이지 않았다. 그의 경쟁자는 미국의 유명 대학 출신으로 이미 눈에 띄는 연구 성과를 낸 쟁쟁한 연구자들이었고, 도네가와는 이들과의 경쟁에서 이길 수 있을지 부담을 느끼고 있었던 것이다. 다행히 그는 소아마비 백신을 개발한 조나스 소크(Jonas Edward Salk)가 설립한 소크 생물학 연구소의 둘베코(Renato Dulbecco) 연구실에 연구원으로 채용될 수 있었다. 둘베코는 이탈리아 출신으로 암 바이러스 연구의 권위자였다.

그런데 도네가와에게는 다시금 위기가 찾아 왔다. 이번에는 비자 문제였다. 고민하고 있던 그에게 둘베코는 "스위스의 바젤 면역학 연구소에 가 보는 것은 어떤가?" 하는 조언을 했지만, 면역학에 대해 아는 바가 없었던 도네가와에게 이는 불안한 일이었다. 그러나 결국 둘베코의 판단력을 신뢰한 그는 미국을 떠나 스위스 바젤로 향했다. 위기를 계기로 다시 한 번 국경을 넘었던 것이다.

도네가와의 업적이 노벨상으로 이어진 것은 주로 그가 스위스에서 행한 연구를 통해서였다. 스위스로 건너간 그는, 면역학에서 오랫동안 수수께끼로 여겨져 왔던 문제에 도전했다. 세균 등 몸 안에 들어온 여러 이물질을 항원, 그리고 이 항원에 대해 몸을 지키는 역할을 하는 것을 항체라고 하는데, 여기에는 불가사의한 사실이 놓여 있었다. 항체의 종류는 수십억 이상 존재하는데, 이를 만들어 내는 유전자는 단지 1,000종 정도에 불과하다는 것이었다.

그런데 이 문제를 풀기 위해 연구에 몰두하고 있던 도네가

도네가와 스스무

와에게 또 하나의 위기가 찾아 왔다. 스위스에서의 계약 기간인 3년이 지나도 이렇다 할 성과는 나오지 않았고, 결국 계약이 끝났던 것이다. 미지의 세계를 개척해 나가는 작업에는 주어진 시간 내에 성과를 내지 못하는 경우도 있는 법이나, 결국 그는 2개월간 무급으로 연구를 진행할 수밖에 없었다.

그러나 이러한 어려운 상황 속에서 도네가와의 연구가 성과를 보이기 시작했다. 그는 서로 다른 종류의 유전자를 비교하고 있었는데, 그 하나는 아직 항체를 지니지 않은, 실험용 쥐의 태아로부터 추출한 유전자였고 다른 하나는 암세포를 지닌 쥐에서 추출한 유전자였다. 그는 두 유전자 사이의 차이에 주목했다. 태아로부터 추출한 유전자는 여러 개의 작은 배열들로 흩어져 있었던 반면에, 암세포를 지닌 쥐로부터 추출한 유전자는 필요한 부분들이 서로 결합되어 있었던 것이다. 즉, 1,000종 정도에 불과한 유전자가 다양한 방식의 조합을 이룸으로써 수십억 종류 이상의 항체를 만들어 낼 수 있다는 것이 그의 결론이었다.

1976년 여름, 도네가와는 유명한 제임스 왓슨(James D. Watson) 앞에서 4년에 걸친 실험의 결과를 발표했고, 이 거물 과학자로부터 좋은 평가를 받아 성공의 계단을 올라갈 수 있었다. 도네가와는 1981년에 MIT 교수로 취임했고, 1987년에는 '다양한 항체를 생성하는 유전적 원리의 해명'이라는 업적을 인정받아 노벨 생리의학상을 수상했다. 분자생물학이라는 낯선 분야의 연구자가 되기를 희망하던 한 과학도가 여러 위기를 넘어서, 그리고 몇 번이고 국경을 넘어 다니며 이룩한 성과였다.

과학자는 국경을 넘어야만 하는가

이 장에서 살펴본 노벨상 수상자 중에서 후쿠이와 노요리가 거의 모든 연구 인생을 일본에서 보낸 반면, 이들 이외의 과학자들에게 외국에서의 연구 경험은 중요한 의미를 지니고 있다. 도네가와의 경우 미국으로 유학을 떠남으로써 비로소 연구자로서의 첫발을 내딛을 수 있었고, 시라카와의 경우에도 일본에서 시작한 연구가 꽃을 피운 것은 미국에서였다. 젊은 나이에 미국으로 떠난 에사키가 일본으로 귀국한 것은 일흔 살을 바라보던 때였고, 고시바는 미국과 소련이라는 냉전의 장벽마저 넘나들었다. 연구자로서 활약하고자 하는 이들에게, 국경이란 낮은 장벽은 아니었다고 할지라도 결코 넘을 수 없는 장벽은 아니었고, 심지어 도네가와의 경우 분자생물학자가 되기 위해서는 처음부터 이 장벽을 넘을 필요가 있었다. 앞 장에서 살펴본 난부의 경우를 포함하여, 이러한 과학자들을 국경이라는 틀 안에 가두어 두는 것은 때로는 거추장스럽게 느껴진다.

물론, 과학자들이 반드시 국경을 넘나들어야만 하는 것은 아니다. 이 장에서 살펴본 후쿠이 및 노요리는 일본의 대학 시스템 안에서 엘리트 코스를 밟아 가며 과학자로서 성공할 수 있었고, 심지어 앞 장에서 살펴본 마스카와는 노벨상 수상식에 참가하는 것이 첫 해외여행이었다. 연구에 필요한 환경이 주변에 놓여 있다면 굳이 고생스럽게 외국으로까지 갈 필요는 없었던 것이다. 뒤집어 말하면, 1918년생인 후쿠이, 1938년생인 노요리, 그리고 1940년생인 마스카와가 연구자로서 발길을 내딛기 시작했을 때, 그들이 거닐고 있던 교토와 나고야에는 국제적인 화학자와 물리학자를 키울 수 있는 발판이 마련되어 있었다고도 할 수 있겠다.

'주변부'의 과학자들

시모무라 오사무: 나가사키, 나고야, 그리고 미국으로

물리학자들의 연구가 원자폭탄을 만드는 이론적 기초를 이루었다고 한다면, 2008년도 노벨 화학상 수상자인 시모무라 오사무(下村脩)는 그 원자폭탄의 피해자 중 한 사람이라고도 할 수 있다. 1945년 8월 9일, 당시 해군에 동원되어 나가사키 근처의 공장에서 일하고 있던 16세의 시모무라 소년은 미군 폭격기를 목격했고, 곧이어 강렬한 섬광을 보았다. 다행히 그는 살아남을 수 있었지만, 히로시마에 이어 인류 역사상 두 번째로 원자폭탄이 투하된 나가사키에서 시모무라는 많은 사람들이 고통을 당하는 모습을 지켜볼 수밖에 없었다. 전쟁이 끝난

시모무라 오사무

후, 학적에 관한 자료가 불타 버린 탓에 진학하는 데 곤란을 겪었던 그는 어렵사리 나가사키 의과대학 부속 약학전문학교에 입학할 수 있었고, 학교를 졸업한 후 1951년부터는 나가사키 대학 약학부로 승격된 모교에서 실험 실습 지도원으로 근무하게 되었다.

시모무라가 본격적으로 연구자의 길로 접어든 것은 1955년에 나고야 대학으로 자리를 옮겨 객원연구원으로 근무하면서부터라고 할 수 있다. 그는 여기서 빛을 내는 바다 생물인 '갯반디(Vargula 또는 Cypridina)'를 연구하기 시작하는데, 이 연구는 공교롭게도 제2차 세계대전과 관련되어 있었다. 전쟁 말기 일본군은 갯반디의 빛을 전장에서 조명으로 사용할 수 있지 않을까 하는 기대에서 이 생물을 대량으로 채취했고, 전쟁이 끝난 후 그 일부를 나고야 대학이 보유했던 것이다.

시모무라가 도전한 것은 갯반디의 발광 물질을 결정화하는 것이었는데, 이는 미국 프린스턴 대학의 연구팀이 20년 이상 시도해 왔음에도 성공하지 못한 과제였다. 그런데 우연이 그를 도왔다. 시모무라는 어느 날 밤늦게까지 실험을 하여 피곤했던 탓에 실험 기구를 정리하지 않은 채 퇴근했는데, 다음 날 연구실에 도착해 보니 진한 염산 용액 속에 발광 물질의 결정이 침전되어 있었던 것이다. 이 결과는 1957년에 논문으로 발표되었고, 이러한 시모무라의 성과는 미국 프린스턴 대학에 재직 중이던 프랭크 존슨의 주목을 끌었다. 존슨 교수로부터 연락을 받은 시모무라는 1960년에 미국으로 떠났고, 나고야 대학은 그에게 박사 학위를 수여했다. 한편 3년 후에 시모무라는 나고야 대학 조교수로 금의환향했다가 1965년에 다시 미국으로 건너갔고, 미국 국적을 취득하지는 않았으나 이후의 연구 생활은 계속해서 미국에서 보낸다.

시모무라가 미국에서 연구를 시작하게 된 대상은 평면해파리(Aequorea coerulescens)였다. 그는 이 생물이 빛을 내도록 하는 물질을 연구하기 위해 1만 마리나 되는 해파리를 잡았고, 1962년에는 이 물질을 분리 및 정제하는 데 성공하여 여기에 에쿼린(Aequorin)이라는 이름을 붙였다. 또한 그는 에쿼린에 칼슘 이온이 결합하여 파란색 빛을 낸다는 것을 알아냈는데, 이러한 성질은 1967년경부터 몸속에서 칼슘이 어떤 역할을 하는지를 연구하는 데 이용되었다. 이렇듯 생명 과학 연구에서 에쿼린이 중요해지는 가운데 시모무라는 더욱 더 연구에 박차를 가했다. 매년 5만~10만 마리에 이르는 해파리를 잡았다고 한다. 그의 성공에는 꾸준함과 부지런함이 자리 잡고 있었던 것이다.

한편, 시모무라가 노벨상을 받은 것은 그가 '녹색 발광 단백질(GFP: Green Fluorescent Protein)'을 발견한 업적을 인정받아서인데, 이는 원래 에쿼린 연구의 부산물이었다. 에쿼린이 내는 빛은 파란색인데 비해 살아 있는 해파리가 내는 빛은 녹색이었는데, 이러한 차이점에 주목한 그는 미량의 녹색 형광물질을 발견했던 것이다. 그러나 아직 이 단계에서 녹색 빛을 내는 단백질은 주된 연구 관심이 아니었고, 시모무라는 이 사실을 논문의 각주에 간단하게 몇 줄 적어 두었을 뿐이었다.

그런데 이 녹색 빛을 내는 단백질이 이후 생명과학 연구에서 각광을 받게 된다. 특히 1990년대 이후 단백질 유전자에 대한 연구가 활발하게 이루어지면서, 생물체의 몸 안에 녹색 발광 단백질의 유전자를 집어넣어 특정 세포나 단백질이 빛을 내도록 하는 기술이 개발되었다. 그리고 이러한 기술을 통해 예컨대 암세포와 같이 그 특성을 조사하고 싶은 세포나 단백질의 움직임을 눈으로 볼 수 있게 되었다. 즉, 새로운 기술의 등장으로 인해 녹색 발광 단백질은 조사 대상에 표시를 할 수 있는 도구가 되었고, 결과적으로 생명 과학 연구에 유용한 도구가 된 이 단백질을 처음으로 발견한 시모무라가 노벨상 수상자로 이름을 올릴 수 있었던 것이다.

시모무라가 발광 물질에 대해 연구를 시작한 것은 생명과학 연구에 사용되는 도구를 찾아내기 위해서는 아니었고, 그가 노벨상을 노리고 녹색 발광 단백질을 연구한 것도 아니었다. 단지 그는 묵묵히 성실하게 실험을 했고, 경우에 따라서는 우연히 주어진 기회를 놓치지 않았다. 그리고 반세기 가까이 지난 시점의 과학계에서는 그의 연구 성과가 예상외의 중요한 의미를 지니고 있었고, 그 까닭에 시모무라는 노벨상 수상자가 될 수 있었다. 역시 노벨상은 목표가 아니라 결과였던 것이다.

다나카 고이치: 평범한 회사원이 노벨상을 타다

앞에서 살펴본 시모무라는, 어려운 환경에서 연구를 시작했다고는 하나 전문학교를 졸업한 후 줄곧 대학이나 연구기관에서 활동을 한 학자였다. 이에 비해 2002년에 노벨 화학상을 수상한 다나카 고이치(田中耕一)는 박사 학위를 지니지 않은 일반 기업의 사원이었다. 평범한 회사원이 노벨상을 수상했다는 사실은 일본 과학이 지니고 있는 한 단면을 보여 준다고 할 수 있다.

이웃집 아저씨 같은 친근한 스타일로 갑자기 대중 매체의 스타가 된 다나카는 노벨 화학상을 받았으나 화학의 전문가는 아니었으며, 그는 노벨상 수상 기자회견을 작업복 차림으로 행했다. 또한 그는 1997년부터 2002년까지 영국에 있는 자회사에서 5년간 근무한 경험이 있음에도 불구하고 영어에는 자신이 없다고 토로했다. 이렇듯 다나카는 흔히 노벨상 수상자에 대해 연상하기 쉬운, '보통사람이 범접하기 힘든 천재'나 '근엄한 학자'와는 전혀 다른 스타일의 회사원이었던 까닭에 대중적으로 친근한 이미지를 얻을 수 있었던 것이다.

다나카가 큰 성과를 남길 수 있었던 배경에는 스스로 생각하는 훈련, 그리고 문제 해결을 위해서 끈기 있게 손발을 움직이는 훈련이 자리 잡고 있었던 것이 아닌가 한다. 그는 1959년에 도야마(富山)현에서 출생했는데, 그의 아버지는 톱을 비롯하여 목수들이 사용하는 여러 공구를 수리하는 일을 직업으로

다나카 고이치

하고 있었다. 다나카는 이러한 아버지를 보면서 어릴 때부터 여러 도구를 접할 수 있었다. 또한 다나카는 초등학교 시절의 실험을 회상하면서 "과학이란 교과서에 씌어 있는 대로 대답하는 것이 아니며, 스스로 생각하고 발견하는 것이야말로 즐거운 일이라는 교훈을 얻었다."라고 밝힌 바 있는데, 이러한 점에서 볼 때 다나카는 어린 시절부터 연구란 정답이 적힌 교과서를 넘어서 아직 알려지지 않은 미지의 세계를 개척해 나가는 것이라는 사실을 이해하고 있었다고도 할 수 있겠다.

한편 다나카는 명문 도호쿠(東北) 대학에 입학했는데, 대학 입학은 그에게 커다란 충격을 던져 주었다. 대학 입학 절차를 밟던 중 그는, 호적 초본을 통해 자신을 키워 준 부모가 자신을 낳아 준 부모가 아니라는 사실을 알았던 것이다. 한편, 그는 대학에서 1년을 유급했고, 졸업하는 데 5년이 걸렸다. 젊은 시절부터 뛰어난 능력을 발휘하며 주변을 놀라게 하는 천재 과학자는 아니었던 것이다.

1983년에 도호쿠 대학 전기공학과를 졸업한 다나카는 대학원에 진학하는 대신 취직을 선택했으나 면접에서 긴장하는 등 계속해서 실패가 이어졌고, 이러한 때에 지도교수로부터 과학 기기 등을 제작하는 시마즈(島津) 제작소를 소개받아 입사하게 된다. 당시 시마즈에서는 생명공학 및 의료 관련 기기를 제작하고 있었고 다나카도 의료사업부를 지망했으나, 그가 배속된 자리는 중앙연구소였다.

다나카가 시마즈 중앙연구소에서 개발을 담당한 것은 단백질 분자의 질량을 측정하는 기법이었다. 여러 종류의 단백질을 구별하는 방법 중 하나는 그 질량을 측정하는 것인데, 이를 위해서는 우선 단백질을 파괴하지 않으면서 이온화할 필요가 있었다. 이러한 개발 과정에는 물질의 농도나 조합을 아주 조금씩 변화시켜 가면서 분석해야 하는 등 끈기와 집중력이 필요한데, 그는 추운 지방 출신에 자영업을 하는 부모를 도운 경험 덕택에 묵묵히 작업을 견딜 수 있었다고 한다.

한편, 시라카와나 시모무라 등 앞서 살펴본 여러 과학자의 경우와 비슷하게 다나카의 경우에도 커다란 발견에 이르는 과정에 실수가 놓여 있었다는 점은 흥미롭다. 1985년 2월, 비타민 B_{12}(분자량 1,350)의 질량 측정을 준비하고 있던 다나카는 늘 사용하던 아세톤 대신 실수로 글리세린을 시료에 섞어 버렸다. 그는 실수를 금세 알아챘지만, 버리기에는 아깝다고 생각한 나머지 시험 삼아 이 시료에 레이저를 쏘아 보았다. 그런데 놀랍게도, 비타민 B_{12}가 이온화되었던 것이다. 다나카는 실수에서 얻어진 결과를 놓치지 않고 실험을 거듭했고, 결국 레이저를 이용하여 고분자 단백질의 종류와 양을 효과적으로 분석할 수 있는 기법을 개발하는 데 성공했다. 그는 이 결과를 1987년에 발표했고, 이는 미국 존스 홉킨스 대학의 로버트 코터(Robert J.

Cotter)를 통해 국제적으로 알려졌다. 평범한 회사원의 연구가 노벨상 수상으로 이어지는 길이 열린 것이다.

한편 시마즈 제작소는 이 기술의 제품화를 시도했으나 상업적인 성공을 이루지는 못했다고 한다. 그러나 다나카는 스스로가 연구 개발에서 대량생산, 그리고 영업에 이르기까지 모든 단계를 경험한 것이 유익했다고 이야기하면서, 특히 사용자와 직접 이야기를 해 본 경험이 중요했다고 밝히고 있다. 기업에 속한 연구자로서, 기술이나 지식을 설계하고 생산해 내는 '상류'뿐만 아니라 이를 소비하고 사용하는 '하류'의 관점에도 접할 수 있었던 것이다.

다나카는 새로운 지식을 창조하는 과학자라기보다는 제품을 개발하는 기술자였으며, 그의 업적은 이론을 통해 얻어 낸 것은 아니었다. 그러나 과연 기술자는 과학자에 비해 덜 존경받아야만 하는 존재일까? 다나카는 기업에서 일하고 있는 수많은 연구자들을 존중해 주었으면 한다는 희망을 밝힌 바 있는데, 실제로 일본의 경우 연구개발비의 절반 이상을 기업이 부담하고 있는 것으로 알려져 있다. 한편으로, 그는 관리직에 오르면 현장을 벗어나게 되어 하고 싶은 일을 못하지 않을까 하는 걱정에서 적극적으로 승진하려고 하지는 않았다고도 이야기한 바 있는데, 다나카가 2002년 10월에 노벨 화학상을 수상하자 부랴부랴 그에게 '펠로우'라는 칭호를 부여한 것은 시마즈 제작소였다. 그리고 다나카는 자신의 노벨상 수상을 기념하여 설립된 '다나카 고이치 기념 질량분석 연구소'에 소장으로 취임하게 된다.

'천재'만이 노벨상을 타는 것은 아니다

이 장에서 살펴본 시모무라와 다나카의 예는 이른바 엘리트 과학자만이 노벨상을 수상하는 것은 아니라는 사실을 보여 준다. 시모무라는 전쟁으로 인해 제대로 중등교육을 받지 못한 채 전문학교에 입학하여 연구의 길로 접어들었고, 다나카는 명문 도호쿠 대학을 졸업했지만 평범한 회사원으로 기업에서 연구개발에 종사했다. 즉, 노벨상은 화려한 경력의 과학자에게만 주어지는 것은 아니라는 것이다. 시모무라는 노벨상을 수상한 후 "좋은 학교에 가지 못해서 좋은 연구를 못 했다는 생각은 하지 말았으면 한다."라는 발언을 했는데, 이는 엘리트 교육이 좋은 연구를 낳기 위한 필요조건은 아니라는 것을 의미한다고도 할 수 있다. 시모무라와 다나카에 공통된 것은 끈기와 집중력이라고 할 수 있으며, 이 덕택에 그들은 우연을 성공으로 발전시킬 수 있었을지도 모른다.

한편 20세기에 노벨상을 수상한 일본인 과학자들이 모두 도쿄 (제국)대학이나 교토 (제국)대학 출신이었던 데 반해, 21세기에 접어들면서 이 두 대학을 제외한 다른 대학 출신들도 연이어 수상자 명단에 이름을 올리고 있다는 사실에 주목할 필요가 있다. 이는 오랜 기간에 걸쳐 일본의 과학 연구 전체의 저변이 확산되면서 그 거점이 증가해 왔다는 것을 시사하고 있는 하나의 지표라고도 하겠다. '도쿄 대학'이나 '교토 대학'의 이름만으로는 결코 일본의 과학 연구가 지니고 있는 저력을 충분히 이해할 수 없는 것이다.

그러나 실은 더 나아가 노벨상과는 무관하게 보이는, 혹은 노벨상의 빛이 좀처럼 닿지 않는 곳에서 이루어지고 있는 연구에 대해서도 배려할 필요가 있다. 노벨상이나 유명한 연구 기관이 과학 전체를 대표하고 있는 것은 아니기 때문이다. 이 장에서 살펴본 시모무라나 다나카는 화려한 경력의 엘리트 과학자로 시작하지는 않았으나, 이러한 사람들의 묵묵한 노력이 과학 연구라는 지식의 산맥을 높이 쌓아 올리고 있었던 것이며, 때로는 스스로가 그 정상에 오르기도 한다.

노벨상에 대한 집착을 넘어서

2008년도 노벨 물리학상 수상 소식이 전해졌을 때, 이에 대한 마스카와 도시히데의 반응은 "별로 기쁘지 않다."라는 것이었다. 의아하게 여겨질지도 모르겠으나, 물리학자로서 마스카와가 가장 기뻤던 것은 자신의 이론을 뒷받침해 주는 경험적인 근거를 확보하게 된 2001년이었다고 한다. 과학자로서의 승부가 이미 7년 전에 끝났다고 한다면, 2008년 가을의 노벨상 수상 소식은 뒤늦은 잔치에 불과한 것이었다고 해도 그다지 이상할 것은 없으리라.

21세기에 접어든 지금도 노벨상 수상 소식이 전해지면 일본 사회는 흥분에 휩싸이곤 하지만, 이러한 열광은 당사자인 과학자에게는 심기가 불편한 것일 수도 있다. 2001년 11월, 일본 화학회는 젊은 연구자를 장려한다는 것을 목적으로 새로이 상을 제정했는데, 수상자로 추천된 것은 1918년에 출생한 후쿠이 겐이치와 1936년생인 시라카와 히데키였다. 공교롭게도 후쿠이는 이미 고인이었고, 시라카와는 이러한 움직임이 노벨상의 권위를 이용하여 일본 화학회의 이미지를 높이려는 것이라고 판단하여 수상을 거부했다.

한편, 일본 정부는 한때 "50년간 30명의 노벨상 수상자를 배출한다."라는 계획을 내세운 적이 있는데, 이에 대해 노요리 료지는 노벨상을 획득하고자 하는 것은 경박한 행동이며 이러한 목표를 세우는 것은 학문을 왜곡하는 것이라고 비판했다. 노벨상을 선전 도구나 정책 수단으로 여기는 근시안적인 태도에 대해 일침을 놓은 것이다.

사실 이 책의 제4장에서 이야기한 바와 같이 노벨상에 대해 국가가 개입하는 것은 노벨상의 정신에 반하는 행동이 될 수도 있다. 노벨상은 원칙적으로 특정 국가가 아니라 '인류 전체'에 대한 공헌을 평가하여 수여하는 것이기 때문이다. 이러한 점을 생각해 본다면, 첨단 기술을 자랑하는 일본이 노벨상에 집착하는 것은 오히려 아직도 일본 사회가 과학에 대해 충분히 성숙하지 못했다는 것을 드러내고 있다고도 하겠다.

물론 대부분의 사람들에게 노벨상을 수상한다는 것은 개인적으로 커다란 명예임에 틀림없을 것이다. 그러나 노벨상이 처음부터 현재와 같은 권위를 지녔던 것은 아니며, 당초 이 상에 대한 과학자들의 반응은 다소 시큰둥했다. 오히려 1910년대 초반의 시점에서 노구치 히데요가 이 상을 '노벨 상금'이라고 표현했을 정도로 처음에는 상금의 액수가 주목을 끌었으나, 이후 저명한 과학자들이 수상자로 선정되어 가는 가운데 노벨상의 지명도도 높아져 갔다고 한다. 이렇게 생각한다면, 20세기와 함께 등장한 노벨상이라는 새로운 평가 시스템을 통해 상을 주는 측과 받는 측이 서로 권위를 높여 갔다고 이해할 수도 있으며, 이러한 과정에서 서구 과학의 전통적인 중심지였다고는 하기 힘든 스웨덴의 연구 기관들도 스스로의 존재감을 국제적으로 부각시켜 갈 수 있었다고 할 수 있다.

다른 한편으로, 19세기 이후 과학 연구의 거점은 유럽이라는 지리적 경계를 넘어서 미국으로, 그리고 그 외부의 세계로 넓어져 갔고, 이러한 움직임에 가장 재빨리 올라탄 비서구 지역 중 하나가 일본이었다. 그리고 이러한 역사적 흐름 속에서, 20세기가 시작되던 무렵에는 일본 출신 과학자가 노벨상 후보로 추천될 수 있었고, 20세기의 반환점을 돌 즈음에는 첫 수상자를 배출했으며, 21세기에 접어들면서는 한 해에 여러 명의 수상자가 나와도 이상하지 않을 정도가 된 것이다.

20세기는 이렇듯 세계 과학의 변방에 놓여 있던 일본이, 제국주의적 침략 및 두 차례의 세계대전에 의한 확장과 굴절의 영향도 포함한 역사적 과정을 통해, 여러 분야에 걸쳐 자립적인 연구 전통을 형성해 간 시기였다. 유카와 히데키나 마스카와 도시히데, 혹은 후쿠이 겐이치 등이 주로 일본을 무대로 연구를 수행하면서 노벨상에까지 이르렀다는 사실은, 그들 주변에는 이를 가능하게 한 환경, 즉 연구 성과를 내기 위해서 굳이 외국으로 나가지 않아도 될 정도의 자립성이 확보되어 있었다는 것을 시사한다.

그러나 다른 한편으로, 난부 요이치로가 일본을 떠나 미국 시민권까지 취득했다는 사실, 그리고 에사키 레오나나 도네가와 스스무, 시모무라 오사무 등도 실질적으로 일본을 떠나 연구 인생을 보냈다는 사실은, 일본 과학의 자립성이 모든 분야에서 늘 확립되어 있었던 것은 아니라는 점을 알려 준다. 자신의 주변에 주어진 연구 환경이 충분하지 않다고 판단한 경우, 새로운 지식의 생산자가 되고자 했던 이들은 국경을 넘어 신천지로 떠났다. 그리고 20세기 후반이라는 이 시기에, 도네가와가 스위스에서 한 시기를 보낸 경우를 제외하고는 모두 이들 일본 과학자를 끌어들인 곳은 미국이었다. 뒤집어 말하면, 이 시기에 걸쳐 미국은 이렇듯 외국 과학자들을 빨아들이는 매력과 능력을 지니고 있었다고도 할 수 있겠다.

이렇게 생각해 보면, 여기서 이야기하는 자립성이란 주로 연구가 어떠한 환경에서 이루어지고 있는가에 관한 것이지, 그 연구를 '누가' 하고 있는가의 문제는 아니라는 것을 알 수 있다. 일본인에게 무언가 특별한 능력이 있어서 일본이 자립적인 연구 전통을 형성할 수 있었던 것은 결코 아니며, 반대로 "일본인은 모방에는 능하지만 독창성은 부족하다."라는 것도 다나카 고이치가 비판하고 있듯이 일종의 편견에 불과하다고 할 수 있다. 연구란 개인, 혹은 뇌라는 하나의 신체기관으로 환원될 수 있는 것이 아니라 다양한 요소가 맞물려 상호작용하는 동적 과정인 것이다. 다나카는 발견에 다다르기까지의 실패의 중요성을 지적한 바 있으며, 고시바 마사토시도 "실패를 거듭하면 감이 살아난다."라고 이야기한 바 있다. 또한 시라카와 히데키는 큰 발견의 배경에 우연적인 요소가 가로놓여 있는 경우가 적지 않다는 사실을 강조하고 있다. 연구란 아무도 거쳐 간 적이 없는 곳에 새로이 길을 내는 작업이므로 당연히 실패할 수도 있으며, 반대로 이 과정에서 우연히 큰 발견이 이루어질 수도 있다. 좋은 연구 성과를 내는 것은 특별한 두뇌를 지닌 우등생에게만 주어진 특권은 결코 아닌 것이다.

이 책에서는 노벨상이라는 창문을 통해 일본의 과학을 엿보았지만, 이는 노벨상 수상자만이 중요한 과학자라는 것을 의미하지 않으며, 우리도 적극적으로 노벨상 획득 경쟁에 나서야 한다고 주장하는 것도 아니다.

우선, 노벨상이 과학 연구의 중요성을 재는 만능의 척도는 아니라는 점에 주의할 필요가 있다. 노벨상은 알프레드 노벨 (Alfred Bernhard Nobel, 1833~1896)이라는 개인의 뜻에 따라 만들어진 상이다. 그러한 까닭에 이 상이 수여되는 것은 1969년에 수상자를 배출하기 시작한 경제학상을 제외하고는 모두 인류에게 중요한 기여를 하는 분야라고 노벨 자신이 판단한 분야에 한정된다. 이에 따라 노벨상에 물리학상은 있으나 수학상은 없고, 화학상은 있으나 지질학상은 없으며, 문학상은 있으나 음악상은 없다. 그러나 지질학 연구가 화학 연구보다 덜 중요하다고, 혹은 훌륭한 음악가보다 훌륭한 소설가가 더 존경받을 만하다고 누가 '객관적'으로 주장할 수 있을 것인가? 노벨상에는 '19세기 말이라는 시점'의, '알프레드 노벨이라는 개인'의 가치관이 투영되어 있는 것이다.

또한 노벨상 수상자 결정이 상당히 엄중하게 이루어진다고는 하나 결국 사람이 하는 결정이 완벽할 수는 없다는 점도 생각해 볼 필요가 있다. 뛰어난 업적을 남겼음에도 불구하고 여러 가지 이유로 수상이 늦어지거나 결국 수상하지 못하는 경우도 있을 수 있다. 이러한 까닭에 노벨상을 수상한 과학자만이 위대한 것은 아니라고 하겠다. 난부 요이치로가 노벨 물리학상을 수상한 것은 2008년의 일이지만, 그가 2008년에 이르러 갑자기 위대한 과학자가 된 것은 아니다.

다른 한편으로, 연구란 납기일에 맞춰서 제품을 생산하는 것과는 다르다는 점을 감안할 필요가 있다. 물론 연구에는 계획이 필요하지만, 계획한 대로만 진행되지는 않는다는 데 연구의 참맛이 있다고 생각하는 과학자는 적지 않다. '실패'나 '우연'을 계획에 집어넣을 수는 없는 일이지만, 여기서 뜻하지 않은 큰 발견이 이루어질 수도 있는 것이다. 이러한 점에서 본다면, 모든 연구 성과를 계획적으로 생산하고자 하는 것은 오히려 과학 연구의 참맛을 잊어버리는 태도일 수도 있다.

아울러, '노벨상으로 이어지는 성과'를 계획한다는 것은 더더욱 연구 활동의 본질에서 벗어난 것이라고 할 수 있다. 노요리가 지적하듯이 노벨상은 주면 받는 것이지 따내는 것이 아니며, 연구 성과가 언제 어디서 누구에 의해 "노벨상을 받을 만하다."라고 평가받을지는 예측하기 힘들다. 이 책에서 살펴본 바와 같이 마스카와 도시히데와 고바야시 마코토는 서른 살 전후에 발표한 논문으로 예순을 넘어 일흔을 바라보는 나이에 노벨상을 수상했으며, 같은 해에 물리학상을 수상한 난부 요이치로나 화학상을 수상한 시모무라 오사무의 연구 성과는 무려 반세기 전의 것이었다. 노벨상을 수상하는 것은 연구의 목적이 아니라 연구의 결과 중 일부인 것이다.

올림픽 금메달이 위대한 가치를 지니는 것은 그 안에 운동선수가 오랜 기간 동안 흘린 땀과 눈물이 녹아들어 있기 때문이지, 결코 메달이 반짝반짝 빛나기 때문은 아니다. 마찬가지로 화려한 노벨상에서 우리가 주의 깊게 살펴보아야 할 것은 그 결과보다는 과정에 있다. 과학을 연구하는 목적이 노벨상을 수상하는 데 있을 수는 없는 일이며, 중요한 것은 우리 사회에 필요한 지식을 우리 사회의 맥락에서 창조해 낼 수 있는 연구 환경을 정비해 가는 데 있을 것이다. 과학 연구 전체에서 본다면 노벨상이란 그야말로 빙산의 일각에 불과하며, 빙산을 제대로 이해하기 위해서는 물속에 잠겨 보이지 않는 부분에 대해서도, 그리고 빙산이 어떻게 해서 떠 있는지에 대해서도 생각해 보아야만 하는 것이다.

일본의 과학 분야 노벨상 수상자 일람(2009년 말 현재)

수상자	수상 연도	수상 부문	출신 학교	수상 이유
유카와 히데키 (湯川秀樹)	1949	물리학	교토 제국대학	중간자의 존재 예상
도모나가 신이치로 (朝永振一郞)	1965	물리학	교토 제국대학	양자 전기역학 분야 기초 연구
에사키 레오나 (江崎玲於奈)	1973	물리학	도쿄 대학	반도체의 터널 효과 발견
후쿠이 겐이치 (福井謙一)	1981	화학	교토 대학	화학반응 이론 연구
도네가와 스스무 (利根川進)	1987	생리의학	교토 대학	다양한 항체를 생성 하는 유전적 원리 해명
시라카와 히데키 (白川英樹)	2000	화학	도쿄 공업대학	전도성 고분자 발견
노요리 료지 (野依良治)	2001	화학	교토 대학	광학활성 촉매를 이 용한 광학이성질체 합성법 개발
고시바 마사토시 (小柴昌俊)	2002	물리학	도쿄 대학	우주 뉴트리노 검출
다나카 고이치 (田中耕一)	2002	화학	도호쿠 대학	생체고분자 분석 방법 개발
고바야시 마코토 (小林誠)	2008	물리학	나고야 대학	대칭성 붕괴에 대한 쿼크 연구
마스카와 도시히데 (益川敏英)	2008	물리학	나고야 대학	대칭성 붕괴에 대한 쿼크 연구
시모무라 오사무 (下村脩)	2008	화학	나가사키 약학전문학교	녹색 형광 단백질 발견
*난부 요이치로 (南部陽一郞)	2008	물리학	도쿄 대학	대칭성 붕괴에 대한 쿼크 연구

*난부는 미국 시민권을 취득한 일본계 미국인이나, 일본에서 출생하여 일본에서 교육을
받았으므로 이 표에 포함시켰음.

참고문헌

국내문헌

김범성, 『나가오카 & 유카와』, 김영사, 2006.

김영태, 『아시아를 빛낸 노벨상 수상자』, 한승, 2005.

나카야마 시게루, 오동훈 옮김, 『전후 일본의 과학기술』, 소화, 1998.

외국문헌

Bartholomew, James R., "Japanese Nobel Candidates in the First Half of the Twentieth Century", *Osiris* Vol. 13, 1998, pp. 238~284.

Kim, Dong-Won, *Yoshio Nishina: Father Of Modern Physics in Japan*, Taylor&Francis, 2007.

Low, Morris, "From Einstein to Shirakawa: the Nobel Prize in Japan", *Minerva* Vol. 39, 2001, pp. 445~460.

池内了, 『ノーベル賞で語る現代物理學』, 新書館, 2008.

NHK取材班, 『4つのノーベル賞－發想の源泉・努力の軌跡』, 日本放送出版協會, 2009.

岡本拓司, 「ノーベル賞文書からみた日本の科學, 1901~1948年: (1)物理學賞・化學賞」, 『科學技術史』 第3號, 1999, 87~128쪽.

岡本拓司, 「ノーベル賞文書からみた日本の科學, 1901~1948年: (2)北里柴三郎から山際勝三郎まで」, 『科學技術史』 第4號, 2000, 1~65쪽.

科學朝日編集部, 『ノーベル賞の光と影』, 朝日新聞社, 1987.

常石敬一, 『日本科學者傳』, 小學館, 1996.

馬場錬成, 『ノーベル賞の100年－自然科學三賞でたどる科學史』, 中央公論新社, 2002.

廣重徹 『科學の社會史－近代日本の科學體制』, 中央公論社, 1973.

讀賣新聞編集局, 『ノーベル賞10人の日本人－創造の瞬間』, 中央公論新社, 2001.

1) 일본 대학의 '강좌' 제도는 흔히 교원 3~4명 정도로 구성된 연구 및 교육의 기본 단위를 일컫는다. 대체로 일본 대학생들은 3학년이 되면 관심 있는 강좌에 소속되어 졸업 논문을 쓰기 위한 연구 지도를 받는다.

어떻게 일본 과학은 노벨상을 탔는가

펴낸날	초판 1쇄 2010년 1월 28일
	초판 3쇄 2018년 10월 10일

엮은이	김범성
펴낸이	심만수
펴낸곳	(주)살림출판사
출판등록	1989년 11월 1일 제9-210호

주소	경기도 파주시 광인사길 30
전화	031-955-1350　　팩스 031-624-1356
홈페이지	http://www.sallimbooks.com
이메일	book@sallimbooks.com

ISBN	978-89-522-1329-7　　04080
	978-89-522-0096-9　　04080 (세트)

※ 값은 뒤표지에 있습니다.
※ 잘못 만들어진 책은 구입하신 서점에서 바꾸어 드립니다.

함께 읽으면 좋은 책

과학·기술

126 초끈이론 아인슈타인의 꿈을 찾아서   eBook

박재모(포항공대 물리학과 교수) · 현승준(연세대 물리학과 교수)

빠르게 발전하고 있는 초끈이론을 일반대중이 이해할 수 있도록 쉽게 풀어쓴 책. 중력을 성공적으로 양자화하고 모든 종류의 입자와 그들 간의 상호작용을 포함하는 모형으로 각광받고 있는 초끈이론을 설명한다. 초끈이론을 이해하기 위해 필요한 양자역학이나 일반상대론 등 현대물리학의 제 분야에 대해서도 알기 쉽게 소개한다.

125 나노 미시세계가 거시세계를 바꾼다   eBook

이영희(성균관대 물리학과 교수)

박테리아 크기의 1000분의 1에 해당하는 크기인 '나노'가 인간세계를 어떻게 바꿔 놓을 것인지에 대한 해답을 제시하는 책. 나노기술이란 무엇이고 나노크기의 재료들은 어떻게 만들어지는가, 나노크기의 재료들을 어떻게 조작해 새로운 기술들을 이끌어내는가, 조작을 통해 어떤 기술들을 실현하는가를 다양한 예를 통해 소개한다.

448 파이온에서 힉스 입자까지   eBook

이강영(경상대 물리교육과 교수)

누구나 한번쯤 '우주는 어디에서 시작됐을까?' '물질의 근본은 어디일까?'와 같은 의문을 품어본 적은 있을 것이다. 물질과 에너지의 궁극적 본질에 다가서면 다가설수록 우주의 근원을 이해하는 일도 쉬워진다고 한다. 이 책은 바로 이러한 질문들의 해답을 찾기 위해 애쓰는 물리학자들의 긴 여정을 담고 있다.

035 법의학의 세계   eBook

이윤성(서울대 법의학과 교수)

최근 드라마나 영화를 통해 일반인의 호기심을 자극하고 있지만 거의 알려지지 않은 법의학을 소개한 책. 법의학의 여러 분야에 대한 소개, 부검의 필요성과 절차, 사망의 원인과 종류, 사망시각 추정과 신원확인, 교통사고와 질식사 그리고 익사와 관련된 흥미로운 사건들을 통해 법의학에 대한 이해를 돕는다.

395 적정기술이란 무엇인가 `eBook`

김정태(적정기술재단 사무국장)

적정기술은 빈곤과 질병으로부터 싸우고 있는 전 세계의 사람들에게 희망을 안겨주는 따뜻한 기술이다. 이 책에서는 적정기술이 탄생하게 된 배경과 함께 적정기술의 역사, 정의, 개척자들을 소개함으로써 적정기술에 대한기본적인 이해를 돕고 있다. 소외된 90%를 위한기술을 통해 독자들은 세상을 바꾸는 작지만 강한 힘이란 무엇인가에 대해서 알 수 있을 것이다.

022 인체의 신비

이성주(코리아메디케어 대표)

내 자신이었으면서도 여전히 낯설었던 몸에 대한 지식을 문학, 사회학, 예술사, 철학 등을 접목시켜 이야기해 주는 책. 몸과 마음의 신비, 배에서 나는 '꼬르륵' 소리의 비밀, '키스'가 건강에 이로운 이유, 인간은 왜 언제든 '사랑'할 수 있는가에 대한 여러 학설 등 일상에서 일어나는 수수께끼를 명쾌하게 풀어 준다.

036 양자 컴퓨터 `eBook`

이순칠(한국과학기술원 물리학과 교수)

21세기 인류 문명에서 가장 중요한 요소 중의 하나로 꼽히는 양자 컴퓨터의 과학적 원리와 그 응용의 효과를 소개한 책. 물리학과 전산학 등 다양한 학문적 성과의 총합인 양자 컴퓨터에 대한 이해를 통해 미래사회의 발전상을 가늠하게 해준다. 저자는 어려운 전문용어가 아니라 일반 대중도 이해가 가능하도록 양자학을 쉽게 설명하고 있다.

214 미생물의 세계 `eBook`

이재열(경북대 생명공학부 교수)

미생물의 종류 및 미생물과 관련하여 우리 생활에서 마주칠 수 있는 여러 현상들에 대해, 알기 쉽게 풀어 설명한다. 책을 읽어나가며 독자들은 미생물들이 나름대로 형성한 그들의 세계가 인간의 그것과 다름이 없음을, 미생물도 결국은 생물이고 우리와 공생하고 있다는 사실을 알 수 있을 것이다.

375 레이첼 카슨과 침묵의 봄 `eBook`

김재호(소프트웨어 연구원)

『침묵의 봄』은 100명의 세계적 석학이 뽑은 '20세기를 움직인 10권의 책' 중 4위를 차지했다. 그 책의 저자인 레이첼 카슨 역시 「타임」이 뽑은 '20세기 중요인물 100명' 중 한 명이다. 과학적 분석력과 인문학적 감수성을 융합하여 20세기 후반 환경운동에 절대적 영향을 준 레이첼 카슨과 『침묵의 봄』에 대한 짧지만 알찬 안내서.

277 사상의학 바로 알기 `eBook`

장동민(하늘땅한의원 원장)

이 책은 사상의학이라는 단어는 알고 있지만 심리테스트 정도의 흥밋거리로 알고 있는 사람들에게 바른 상식을 알려 준다. 또한 한의학이나 사상의학을 전공하고픈 학생들의 공부에 기초적인 도움을 준다. 사상의학의 탄생과 역사에서부터 실생활에서 적용할 수 있는 간단한 사상의학의 방법들을 소개한다.

356 기술의 역사 <small>뗀석기에서 유전자 재조합까지</small>

송성수(부산대학교 기초교육원 교수)

우리는 기술을 단순히 사물의 단계에서 생각하기 쉽다. 하지만 기술에는 인간의 삶과 사회의 배경이 녹아들어 있다. 기술의 역사를 통해 우리는 기술과 문화, 기술과 인간의 삶을 연결시켜 생각할 수 있게 될 것이다. 이 책을 읽은 후 주변에 있는 기술을 다시 보게 되면, 그 기술이 뭔가 다른 느낌으로 다가올 것이다.

319 DNA분석과 과학수사 `eBook`

박기원(국립과학수사연구소 연구관)

범죄수사에서 유전자분석에 대한 관심이 커지고 있지만 간단하게 참고할 만한 책은 거의 없는 실정이다. 이 책은 적은 분량이지만 가능한 모든 분야와 최근의 동향을 소개하고 있다. 특히, 내용의 이해를 돕기 위하여 서래마을 영아유기사건이나 대구지하철 참사 신원조회 등 실제 사건의 감정 사례를 소개하는 데도 많은 비중을 두었다.

eBook 표시가 되어있는 도서는 전자책으로 구매가 가능합니다.

(주)살림출판사

www.sallimbooks.com

주소 경기도 파주시 문발동 522-1 | 전화 031-955-1350 | 팩스 031-955-1355